U0592484

中国社会科学院创新工程学术出版资助项目

转变经济发展方式再认识

ZHUANBIAN JINGJI FAZHAN FANGSHI ZAIRENSHI

周叔莲◎著

经济管理出版社
ECONOMY & MANAGEMENT PUBLISHING HOUSE

图书在版编目（CIP）数据

转变经济发展方式再认识/周叔莲著. —北京：经济管理出版社，2016.9
ISBN 978-7-5096-4425-6

Ⅰ.①转…　Ⅱ.①周…　Ⅲ.①中国经济—经济发展模式—研究　Ⅳ.①F120.3

中国版本图书馆 CIP 数据核字（2016）第 116706 号

责任编辑：梁植睿
责任印制：黄章平
责任校对：赵天宇

出版发行：经济管理出版社
　　　　　（北京市海淀区北蜂窝 8 号中雅大厦 A 座 11 层　100038）
网　　　址：www. E-mp. com. cn
电　　　话：(010) 51915602
印　　　刷：三河市延风印装有限公司
经　　　销：新华书店
开　　　本：720mm × 1000mm/16
印　　　张：17
字　　　数：211 千字
版　　　次：2016 年 9 月第 1 版　　2016 年 9 月第 1 次印刷
书　　　号：ISBN 978-7-5096-4425-6
定　　　价：58.00 元

经济理论研究影响
改革前途与命运
（代序言）

　　为了克服改革的思想障碍，需要重视基本理论问题的研究，需要对社会主义初级阶段的发展趋势和发展规律做前瞻性的理论研究，包括研究社会主义市场经济和与其相适应的所有制关系、分配关系等生产关系的发展趋势和发展规律。这些研究得出的结论将会影响中国特色社会主义的前途和命运。

　　世界经济不平衡有其必然性，有时候程度浅一些，有时候程度深一些。遇到有些重要国家和经济体发生经济危机，世界经济不平衡程度就会很严重。因此，世界经济再平衡是个世界性难题。从 2007 年开始的全球金融危机其影响现在还在继续，再平衡成为世界经济发展的一个严重问题。

　　我们特别要关心的是中国经济和世界经济的平衡问题，国际金融危机使得中国经济和世界经济不平衡加剧。其实，在危机前中国经济和世界经济就存在不平衡问题。我们研究解决这个问题，首先是为了促使中国经济平衡协调可持续发展，不断提高发展的质量和效率，同时也促进世界经济的发展，从而实现双赢。

一、再平衡首先要调整经济结构

为了应对当前和今后世界经济形势，解决好中国经济和世界经济的不平衡问题，首先要做好我们自己的事情。为此，需要做好许多工作，而调整经济结构就是其中之一。

经验表明，只有调整经济结构，促进经济发展方式加快转变，才能构建扩大内需的长效机制，促进经济增长由主要依靠投资、出口拉动向依靠消费、投资、出口协调拉动转变，由主要依靠第二产业带动向依靠第一、第二、第三产业协同带动转变，由主要依靠物质资源消耗向主要依靠科技进步、劳动者素质提高、管理创新转变。这才能进一步增强自力更生的能力，减少或避免世界经济波动对我国经济发展的负面影响，跨越中等收入陷阱，按时高质量地全面建成小康社会。

对经济结构的内涵和调整经济结构的任务要有全面的理解。有一种观点把经济结构理解为只是生产力结构。有些以研究调整经济结构为题的文章只研究产业结构，似乎认为可以离开完善生产关系和改革经济体制来调整产业结构。事实上，经济结构既包括生产力结构，也包括生产关系结构。马克思在《资本论》中曾指出："生产的承担者对自然的关系以及他们互相之间的关系，他们借以进行生产的各种关系的总和就是从社会经济结构方面来看的社会。"这里的"生产的承担者对自然的关系"指的是生产力，"他们互相之间的关系"以及"他们借以进行生产的各种关系的总和"，指的是生产关系。现在我国产业结构存在很多问题，调整产业结构是一项重要任务。由于不少产业结构问题的根源是经济体制不合理，因此研究调整产业结构决不能忽视改革经济体制和完善生产关系。

研究调整经济结构既要研究调整生产力结构，又要研究调整生产关系结构（包括研究改革和完善经济体制）。否则，难以实现"把经济结构战略性调整作为加快转变经济发展方式的主攻方向"的要求，也难以完成调整产业结构的任务。

二、当务之急是深化经济体制改革

历史唯物主义告诉我们：生产力决定生产关系，生产关系对生产力也有反作用。30 多年来我国经济改革取得了巨大成绩，但是改革还远未完成。当前不合理的经济体制仍阻碍着生产力的健康持续发展。深化经济体制改革是进一步解放和发展生产力的前提条件，是当务之急。党的十八届三中全会《关于全面深化改革若干重大问题的决定》（下称《决定》）提出"改革开放是党在新的时代条件下带领全国各族人民进行新的伟大革命，是当代中国最鲜明的特色"，并对改革做了全面的部署。尤其是《决定》中指出，经济体制改革的核心问题是处理好政府和市场的关系，使市场在资源配置中起决定性作用和更好地发挥政府作用，并提出经济体制改革是全面深化改革的重点，要在全面深化改革中发挥牵引作用，还规定了深化经济体制改革、政治体制改革、文化体制改革、社会体制改革、生态文明体制改革和党的建设制度改革等方面的任务。这是立足于中国现实，以马克思主义关于生产力与生产关系、经济基础与上层建筑的理论为指导做出的科学抉择。

改革任务更加明确了，但是怎样完成这些任务，始终确保改革的正确方向，则还有不少问题有待研究解决。

三、克服改革的思想障碍

现在还有不少陈旧的不符合实际的思想理论阻碍着改革。例如，有一种观点认为国有企业实行行政垄断是不容置疑的，这样才能发挥社会主义的优越性。这种观点显然与《决定》提出的"进一步破除各种形式的行政垄断"相悖，也违背经济科学的垄断理论。还有一种观点认为，国有企业必然政企结合，不能实行政企分开。而实行政企分开是我国企业改革的一贯方针，《决定》规定，自然垄断行业的国有企业也要实行政企分开。事实上，资本主义国家的国有企业也是政企分开的。以上这些观点都会阻碍《决定》中深化国有企业改革、完善现代市场体系、转变政府职能等要求的实现。再如，有一种观点把非公有制经济和社会主义绝对对立起来，认为非公有制经济只是社会主义市场经济的经济基础，不是中国特色社会主义的经济基础。事实上，中国特色社会主义的一个重要特色就是允许非公有制经济存在和发展。而且经济基础要由上层建筑保护，如果否认非公有制经济是中国特色社会主义的经济基础，岂非认为中国特色社会主义的政治、法律等上层建筑不需要、不应该保护非公有制经济的存在和发展？显然，这完全不符合中国特色社会主义的要求。还有与此相联系的一种观点认为，我国由于尚未实现现代化，故而需要发展市场经济，实现了现代化就不再需要市场经济，从而也不再需要非公有制经济了。正是由于类似的认识，有些民营企业家顾虑重重，害怕政策变，担心"喂大了要宰"，不敢把企业做大做强，有的甚至移民和把资本转移到国外。这两种观点都与《决定》精神相悖。《决定》强调："全面深化改革，必须立足于我国长期处于社会主义初级阶段这个最大实际"，"公有制经济和非公有制经济都是社会主义市场经济的重要组成部分，都是我国经济社会发展的重要基础"，还强调要"完善产权保护制度"，"公有制经济财产权不可侵犯，非公有制经济财产权同样不可侵犯"。这些规定是有深意的。

若想提高思想认识，克服改革的思想障碍，需要重视基本理论问题的研究，要更具体深入地研究市场经济的规律和如何利用这些规律。

对于市场经济，马克思主义经济学和资产阶级经济学都长期研究过，成果丰硕。但是市场经济是不断发展的，而且总是与特定的社会经济制度和文化结合着的。在资本主义国家，市场经济规律的作用和影响各有不同，政府和社会对市场经济规律的利用也有区别。资产阶级经济学在市场经济问题上意见纷繁，流派众多。法国经济学家米歇尔·阿尔贝尔曾著有《资本主义反对资本主义》一书，介绍了资本主义市场经济的两种不同模式（美国模式与莱茵模式）。马克思主义经济学和资产阶级经济学观点不同，但马克思主义者之间也有争论，这些都给进一步研究留下空间。

社会主义市场经济过去曾遭受国内外学者的普遍反对，但我国社会主义市场经济已在国内外被普遍承认是理论上和实践上的创新。不过，社会主义为什么要搞市场经济？社会主义搞市场经济的条件和依据是什么？中国社会主义市场经济的特殊意义和普遍意义何在？理论界对这些问题仍有争论，需要进一步研究。同时还要看到，社会主义市场经济的理论和实践都有一个发展过程，在不同发展阶段，市场经济的地位以及市场经济规律的作用和如何正确利用市场经济规律都会有所不同。我国将长期处于社会主义初级阶段，不过社会主义初级阶段也在变化，而且终将进入更高阶段。这就需要对社会主义初级阶段的发展趋势和发展规律做前瞻性的理论研究，包括研究社会主义市场经济和与其相适应的所有制关系、分配关系等生产关系的发展趋势和发展规律。这些研究得出的结论将会影响中国特色社会主义的前途和命运。

《决定》强调：要"以更大的决心冲破思想观念的束缚，突破利益固化的藩篱"，"坚持解放思想、实事求是、与时俱进、求真务实"。这也是我们从事理论研究必须遵循的原则。

（原载《市长参考》2014年第2期）

目录

第一部分

从转变经济增长方式到转变经济发展方式

一、党的十七大为什么提出转变经济发展方式

1995年党的十四届五中全会提出"积极推进经济增长方式转变"以来，引发了研究转变经济增长方式的热潮，促进了我国经济增长方式的转变。党的十七大提出"加快经济发展方式转变"，同样引发了人们的热烈关注和学习热潮。在学习中提出了一个问题：转变经济发展方式和转变经济增长方式两种提法是什么关系？有一种意见认为，党的十七大用转变经济发展方式替代了转变经济增长方式。我认为这种意见不够确切。因为经济发展方式虽然包括经济增长方式的内容，但是转变经济发展方式仍要求转变经济增长方式。而按照上述意见，似乎转变经济增长方式的提法失效了，不存在转变经济增长方式的任务了。可事实上，我国仍面临着艰巨的转变经济增长方式的任务，不过它要和转变经济发展方式的其他任务紧密结合起来完成。党的十七大报告也多次提到增长方式的问题。所以，确切地说，从党的十四届五中全会提出转变经济增长方式到党的十七大提出转变经济发展方式，不是用一种提法替代另一种提法，而是我国国民经济发展战略的一个重大发展。

什么是经济增长方式？什么是经济发展方式？经济增长方式内容比较明确，一般是指通过生产要素变化（包括数量增加、结构变化、质量改善等），实现经济增长的方法和模式。经济发展方式的内容则比较丰富复杂，其全部内容和体系结构尚待研究，现在可以明确的是，它除了

包括经济增长方式的内容，还包括产业结构、收入分配、居民生活以及城乡结构、区域结构、资源利用、生态环境等方面的内容。转变经济发展方式，既要求从粗放型增长转变为集约型增长，又要求从通常的增长转变为全面、协调、可持续的发展。

经济增长是经济学的一个专门学科。很多经济学家专门研究经济增长问题，也有不少经济学家在研究经济增长问题时已经超出了经济增长的范围，涉及经济发展中的许多问题。如美国著名经济学家库兹涅茨写过《现代经济增长》和《各国的经济增长》两部名著。他根据一些国家长期统计资料进行分析，认为现代经济增长具有以下几个特征：一是人均产值和人口的高增长率；二是全要素生产率的高增长率；三是经济结构急剧变动，如农业、工业、服务业比重的变化，企业规模和企业组织的变化，职业状况的变化；四是社会结构和意识形态迅速变化，如城市化、世俗化；五是全球化的发展趋势。我国许多经济学家也早就指出：转变经济增长方式不仅包括经济效益的提高，而且包括经济增长能否持续稳定健康地进行，能否实现产业结构的优化升级和生产的规模化，能否使广大人民的生活质量显著提高及生活环境能否改善。

党的十七大明确提出"转变经济发展方式"，并把它作为"关系国民经济全局紧迫而重大的战略任务"，这是认真总结实践经验和深化理论认识的结果。改革开放以来，在中国特色社会主义理论指导下，我们坚持以经济建设为中心，聚精会神搞建设，一心一意谋发展。党中央不仅一直十分重视转变经济增长方式问题，也十分重视转变经济发展方式问题。党的十二大提出把全部经济工作转到以提高经济效益为中心的轨道上来。党的十三大提出要从粗放经营为主逐步转到集约经营为主的轨道。党的十四大提出努力提高科技进步在经济增长中的含量，促使整个经济由粗放经营向集约经营转变。党的十四届五中全会提出实现经济体制和经济增长方式的两个根本转变，向结构优化要效益，向规模经济要效益，向科技进步要效益，向科学管理要效益。党的十五大又把完善分配结构和分配方式、调整和优化产业结构、不断改善人民生活作为经济发展的重要内容。党的十六大提出了全面建设小康社会的奋斗目标，强调要走新型工业化道路，大力实施科教兴国战略和可持续发展战略；全面繁荣农村经济，加快城镇化建设；促进区域经济协调发展；深化分配制度改革，健全社会保障体系。进入 21 世纪新阶段以来，党中央又根据面临的形势和任务提出科学发展观和促进国民经济又好又快发展等战略思想。这样，党的十七大明确提出转变经济发展方式，就是自然而然的事了。

为什么要提出转变经济发展方式呢？我个人认为主要有以下几个原因。

（1）经济发展中出现了一些迫切需要解决的问题。党的十六大以来，我国经济保持平稳快速发展，国内生产总值平均年增长达 10%以上，经济效益明显提高，经济实力大幅提升。总的来说经济形势是很好的，但是也出现了一些值得重视的问题。其中有些是原来就存在的，但现在尖锐化了，有些是新出现的问题。例如，随着经济快速增长，资源消耗和资源供给的压力明显加大；生态环境压力越来越大，越来越多的地区成为不适宜人类生存的地方；由于积累消费比例不合理和居民收入差距扩大，低收入者收入水平低，制约着经济健康发展；国际贸易不平衡，外贸顺差过大，国际收支盈余过多；此外，城乡不平衡、区域不平衡、经济社会发展不平衡等矛盾也趋于突出。这些都是经济发展方式的问题，不是单靠转变经济增长方式所能解决的，需要加快转变经济发展方式设法解决。

（2）就经济增长方式论经济增长方式，难以实现根本转变经济增长方式的目标。党的十四届五中全会提出根本转变经济增长方式以来，经过不断努力，虽然取得了不少成效，但总体上看，经济增长方式尚未实现根本转变。近年来随着经济增长速度加快，增长方式粗放的问题更加突出了。转变经济增长方式要求生产要素结构优化、质量提高，达到节约资源、增加产出的目的，这势必涉及经济发展方式中的方方面面的问题，单纯转变经济增长方式不仅难以实现根本转变，还可能产生一些新的问题。因此，必须把转变经济增长方式和转变经济发展方式结合起来。

（3）经济发展方式是包括生产、分配、交换、消费等要素状况的一个大系统，经济增长方式涉及的主要是生产，是经济发展方式这个大系统中的一个分支系统。马克思说，生产、分配、交换、消费"构成一个总体的各个环节，一个统一体内部的差别"；"一定的生产决定一定的消费、分配、交换和这些不同要素相互间的一定关系。当然，生产就其单方面形式来说也决定于其他要素。"（《马克思恩格斯全集》第46卷上，第36-37页）提出和研究经济发展方式，将能厘清生产、分配、交换、消费诸领域之间和各自内部的关系；转变经济发展方式有利于解决当前面临的一些深层次矛盾，从而也有利于经济增长方式的根本转变。

（4）经济发展还涉及生产力和生产关系的关系、经济基础和上层建筑的关系，还需要政治建设、文化建设、社会建设的配合。提出转变经济发展方式，使人们更加重视处理好生产力和生产关系、经济基础和上层建筑之间的关系等问题，更有利于经济建设、政治建设、文化建设、社会建设互相配合、互相协调、互相促进，保证国民经济又好又快发展。

党的十七大提出转变经济发展方式有多方面的重大意义。它反映了我们党对经济发展规律的认识更加全面和深刻，对实际工作的针对性、指导性更强，也是对马克思主义发展理论的充实和发展。现在的主要问题是把这一正确的战略思想贯彻落实到实践中去，解决客观存在的问题，防止和避免停留在书面上和口头上。为此，我们要认真学习和深刻领会这一战略思想的内容和要求，尤其要系统深入研究当前经济发展中存在的重大问题，采取切实有效的措施，扎扎实实地解决这些问题。这是我们党理论联系实际的学风的要求，只有这样做才能真正完成转变经济发展方式的战略任务。

（原载《中国党政干部论坛》2008 年第 2 期）

二、党的十七大报告在经济理论上的创新

自从党的十一届三中全会以来，历次党的代表大会都结合改革开放的实践，从经济和社会发展的历史性高度对有中国特色的社会主义经济理论的新发展做出总结，用于指导改革开放和经济建设。这些总结既是对一个时期理论工作者辛勤探索的成果的肯定，又是今后一个时期理论研究的指导方针。胡锦涛同志在党的十七大报告中，从各个方面进行了深入总结，构建和发展了中国特色社会主义理论体系，为我们今后的理论探索指明了方向。对党的十七大报告关于经济理论的创新进行梳理和解读，有利于指导我们今后的经济学包括产业经济学的研究工作。

（一）理论上系统论述了科学发展观

党的十七大报告科学分析了我国全面参与经济全球化的新机遇和新挑战，全面认识了工业化、信息化、城镇化、市场化、国际化深入发展的新形势、新任务，深刻把握了我国发展面临的新课题、新矛盾，明确提出："科学发展观，第一要义是发展，核心是以人为本，基本要求是全面协调可持续，根本方法是统筹兼顾。"这是对科学发展观的系统总结和全面阐述。

科学发展观的第一要义是发展。把发展作为科学发展观的第一要

义，是对改革开放以来实践经验的科学总结。正是坚持改革和发展，我国人均 GDP 从 1980 年的 200 美元提高到 2007 年的 2500 多美元。[①] 加入世界贸易组织以后，中国的国际贸易额每年都以 20% 以上的速度递增。科学发展观的第一要义是发展，实质上就是对邓小平同志"发展才是硬道理"的科学论断的继承和发展，并将其置于科学发展观理论系统的首要位置。我们决不能将其割裂开来甚至对立起来。

科学发展观的核心是以人为本。以人为本是马克思主义的人类社会发展观。一切科技的进步和经济的发展都要围绕人的自由全面发展，这才是社会发展的正确方向。20 多年来，中国不仅解决了 13 亿人的温饱问题，也基本上实现了小康社会的目标。毫无疑问，既然共产党人把最广大人民利益作为发展的出发点和落脚点，那么，首先实现生产发展和生活富裕的目标就是以人为本的发展观的具体体现。但是除了物质富裕，以人为本更多地应该体现为人的价值和尊严。科学发展观就是要创造一种和谐的社会环境，使每一个人的价值都能够充分发挥出来，每一个人的尊严都能够得到充分的维护和尊重。在这样的目标之下，发展就不单单是经济的发展，更多的则是社会的发展、文化的发展和人的自由的全面发展。

科学发展观的基本要求是全面协调可持续。要实现全面协调和可持续发展，就不是一个单纯的经济发展问题，必须按照科学发展观的基本要求，按照中国特色社会主义事业的总体布局，全面推进经济建设、政治建设、文化建设和社会建设。发展不能是片面的、不协调的、不可持续的，必须坚持生产发展、生活富裕、生态良好的文明发展道路，节约

---

① 根据国家统计局公布的《2007 年国民经济和社会发展统计公报》数据，2007 年，中国国内生产总值为 246619 亿元，年末汇率 1 美元＝7.3046 元人民币，年末人口为 13.2129 亿人，计算得到人均国内生产总值为 2555 美元。

资源，保护环境，才能实现经济、社会、人口、资源和环境相协调的永续发展。这既是远大的目标，也是现实的问题。

科学发展观的根本方法是统筹兼顾。我国国民经济总量已经达到24.66万亿元的水平，但是，也应当看到，近些年来，贫富差距进一步拉大了。地区之间、城乡之间、行业之间的收入差距都在进一步扩大。从统筹兼顾这个科学发展观的根本方法出发，就要深化分配体制改革，统筹个人和集体、局部和整体、当前和长远等各个方面的利益，使城乡之间、地区之间、行业之间的利益差距逐步缩小，使经济和社会能够和谐发展。这是一项艰巨的任务。

科学发展观把发展作为第一要义，围绕以人为本这个核心，坚持统筹兼顾的根本方法，把构建社会主义和谐社会作为目标，使整个理论系统得以完整体现。胡锦涛同志在党的十七大报告中明确指出："社会和谐是中国特色社会主义的本质属性。科学发展和社会和谐是内在统一的。没有科学发展就没有社会和谐，没有社会和谐也难以实现科学发展。构建社会主义和谐社会是贯穿中国特色社会主义事业全过程的长期历史任务，是在发展的基础上正确处理各种社会矛盾的历史过程和社会结果。"这是对科学发展与和谐社会互为因果的关系做出的全面的分析和论证，指出这种关系是过程和结果的辩证统一。在科学发展观的指导下，我们要在生产发展和生活富裕的基础上，进一步实现公平正义、民主文明、诚信友爱、生态良好的新目标，共同建设、共同享有人与社会、人与自然的和谐。目前，我国经济发展中面临许多问题，例如资源问题、能源问题、环境问题、产业结构的优化和升级问题、发展方式的根本性转变问题等。这些问题都需要以党的十七大报告关于科学发展观的论述为指导思想进行认真研究，这是我们产业经济理论工作者的重要任务。

（二）提出了实现全面建设小康社会的新要求

小康社会不能是一个单纯的经济目标。最早的小康社会目标是指人均 GDP 达到 800 美元的水平，这一经济目标在世纪之交就已经实现。在此基础上，党的十六大提出了"全面建设小康社会"的新目标：要在 21 世纪头 20 年，集中力量，全面建设惠及十几亿人的更高水平的小康社会，使经济更加发展、民主更加健全、科教更加进步、文化更加繁荣、社会更加和谐、人民生活更加殷实。这是一个中国特色社会主义经济、政治、文化全面发展的目标，是与推进现代化相统一的目标。经过五年的发展，我国的经济、社会和国内外形势都发生了很大的变化，党的十七大顺应各族人民过上美好生活的新期待，把握经济和社会发展的趋势和规律，从经济、政治、文化、社会、生态等各个方面，更加全面地提出了新的更高的要求。对此我们要有全面和清醒的认识。

（1）在经济方面强调创新与和谐。党的十七大报告更加强调"在优化结构、提高效益、降低消耗、保护环境的基础上"实现人均 GDP 再翻两番的目标。为了实现这样的目标，还特别强调自主创新能力提高和科技进步对经济增长贡献率的大幅提升，并第一次提出了要"进入创新型国家行列"。总结我国改革开放以来的经济发展可以看出，发展的关键在于和谐。因此，如何构建消费、投资和出口协调拉动的经济增长格局，形成新时期城乡、区域协调互动发展机制就成为发展的关键。现在的问题是，创新说得多，和谐实现少。

（2）全面建设小康社会的新要求也包括政治和文化方面。在政治方面，要扩大社会主义民主，更好地保障人民权益和社会公平正义。要依法治国，建设法治政府，强化基层民主，提高政府公共服务能力。在文化方面，以"明显提高全民族素质"为目标，使社会主义核心价值体系深入人心。特别提出了"文化产业占国民经济比重明显提高，国际竞争力显著增强"的新要求。文化产业作为第三产业，事关国民素质的大问题，其发展更应受到重视。

（3）社会发展是小康社会的重要组成部分。党的十七大从现代国民教育体系的形成、社会就业更加充分、城乡社会保障体系的建立、合理有序的收入分配格局的形成、消除贫困现象、加强基本医疗卫生服务等各个方面对社会发展目标进行了诠释。这既是未来发展的新目标，也是存在问题最多的方面。理论研究工作者应该以此为重点给予认真关注。

（4）生态文明是经济社会发展面临的新要求。随着经济快速增长，生态环境越来越考验经济发展的可持续性。党的十七大从产业结构、增长方式和消费模式三个方面提出了要基本形成节约能源资源和保护生态环境的新发展模式，对循环经济和可再生能源的扩大提出了新的期许，对污染物的排放提出了更严格的要求。这是时代的要求，是生态文明观念的体现。

从党的十七大报告的这些深刻而简明的阐述中，我们可以看到，小康社会的目标不仅有经济、政治和文化方面的要求，更应该包含社会和谐与生态文明的新要求。有了这样的新要求，未来的中国才能成为人民更加富裕幸福、社会更加和谐稳定、生态环境更加美好、在国际上更加具有亲和力，并为人类文明做出更大贡献的国家。经济理论工作者需要拓宽视野，不能只盯着经济问题，甚至仅就产业经济问题做文章，我们应该把经济增长、结构升级与生活富裕、公平正义、文明和谐，以及生态环境保护等结合起来，把以往福利经济学所关注的问题放在更加突出的位置加以研究和探讨。

（三）从"又快又好"到"又好又快"的国民经济发展新目标

长期以来，经济快速发展是我们的一个不言而喻的目标。"又快又好"是我们长期以来形成的一个基本价值判断，发展方式的最终落脚点仍然是"快"字当头。多年来，一个"快"字确实使我国的经济一直处于全世界快速发展的前列，但是，这样的"快"字当头却是以资源和能源的高消耗，甚至以环境的高污染和严重破坏为代价的。这种发展方式并不具有可持续性。现在"促进国民经济又好又快发展"被确定为我国未来经济发展的新目标，应该说已经从理论认识上纠正了"快"字当头，确立了"好"字当头的新发展方式。一个"好"字，虽然是一个比较简单直白的价值判断，却把国民经济的持续、稳定、和谐与科学发展的内涵全部包括进去了。那么究竟什么样的发展才能称得上是"好"呢？

党的十七大报告认为，关键在于加快转变经济发展方式，完善社会主义市场经济体制，推进经济结构的战略性调整，提高自主创新能力，提高节能环保水平。如何促进国民经济又好又快发展，具体体现在八个方面：提高自主创新能力，建设创新型国家；加快转变经济发展方式，推动产业结构优化升级；统筹城乡发展，推进社会主义新农村建设；加强能源资源节约和生态环境保护，增强可持续发展能力；推动区域协调发展，优化国土开发格局；完善基本经济制度，健全现代市场体系；深化财税、金融体制改革，完善宏观调控体系；拓展对外开放广度和深度，提高开放型经济水平。这八个方面从国民经济的总体和结构上准确把握发展的质量，是"好"的判断标准和努力方向。因此，这不仅是一个理论分析的价值判断问题，更主要的是一个要创新改革和发展的实践路径问题。

我们经济理论工作者必须清醒地认识到，"好"字当头并不是一件在发展过程中容易做到的事情。节约资源、降低消耗、保护环境，都需要大量的投入，企业不愿意承担污染等"外部成本"。如果地方政府对这种"负外部性"不引起足够的重视，那么，所谓的"好"在经济和社会发展中就会大打折扣。那么究竟谁应该为环境"埋单"，产业经济学也需要在产业规制等方面提出更多的可操作性的研究和对策。

（四）从转变经济增长方式到转变经济发展方式

我国在 1995 年就提出了要转变经济增长方式，但是，经过"九五"、"十五"两个计划期，一直到"十一五"时期，也没有实现增长方式的根本转变。问题在于就增长论的增长并不能解决增长中的根本问题。党的十七大把单纯的经济增长方式进一步提高到经济发展方式的转变上来，是更加全面和深刻的认识。发展不同于增长，增长主要是指国民生产总值的增加，它以产出量作为衡量尺度，而发展较之增长具有更广泛的含义，它既包括产出扩大，也包括分配结构的改善、社会的变迁、人与自然的和谐、生活水平和质量的提高，以及自由选择范围的扩大和公平机会的增加。经济增长强调财富"量"的增加，而经济发展强调经济"质"的提高。经济总量的增长必然要伴随结构的变化，经济结构中产业结构、区域结构、消费结构的变化还会带来社会结构的变化。

由转变经济增长方式到转变经济发展方式，反映了我们对经济发展规律认识的深化。转变经济发展方式，不仅包含经济增长方式的转变，即从主要依靠增加资源投入和消耗来实现经济增长的粗放型增长方式，转变为主要依靠提高资源利用效率来实现经济增长的集约型增长方式，而且还包括结构、质量、效益、生态平衡和环境保护等方面的转变。现实国情是经济发展的环境条件发生了根本性变化，自然资源、人力资源、市场环境、社会环境、国际环境都发生了而且还在发生着深刻的变化。从"转变经济增长方式"到"转变经济发展方式"是认识的新突破。推进发展方式的转变需要对下列问题引起足够的关注：

（1）资源问题。我国的可耕地面积只有 18.27 亿亩，已经接近 18 亿亩的最低警戒线。如不改变发展方式，则无法保证 13 亿人的吃饭问题。我国矿产资源丰富，但人均占有量少，资源产出率低，利用效率低，资源消耗高，综合利用水平低。目前，我国矿产资源总的回采率仅为30%，对共生、伴生矿进行综合开发的仅有 1/3，采选综合回收率及综合利用率也都只有 30%，远低于世界平均水平。

（2）在资源中，能源和水的问题更加突出。作为制造业大国，我国是能源消费增长较快的国家。2000 年我国的能源消费总量为 13.85 亿吨标准煤，到2006 年已经增长到 24.57 亿吨标准煤，6 年增长了 77.4%。能源供需缺口由7.3%扩大到 11.2%。我国人均水资源为 2200 立方米，约为世界人均水平的 1/4，正常年份全国缺水量接近 400 亿立方米。部分流域和地区水资源开发利用程度已接近或超过水资源和水环境的承载能力。随着经济社会发展和人民生活水平的提高，对水资源的需求呈增长趋势，而水资源开发利用和江河治理的难度越来越大，水资源短缺问题将不断加剧。

（3）环境问题。我国经济发展还面临着严重的环境约束。大气污染、水污染已经危及社会基本生活。工业粉尘、煤烟、二氧化硫等排放总量在增加。北方广大地区植被破坏严重，导致草场沙化、荒漠化，每年春天都出现沙尘天气，甚至发生沙尘暴等自然灾害。气候变暖导致冰川缩减、绿洲沙化，干旱、洪涝和台风频发。酸雨蔓延导致土壤酸化，破坏土壤的营养，使土壤贫瘠化，危害植物的生长，造成作物减产，河流、湖泊鱼虾减少或绝迹。森林锐减使其涵养水源的功能受到破坏，造成水土流失和物种减少，对二氧化碳的吸收减少进而又加剧了温室效应。土地荒漠化致使每年有数百万亩的农田和牧区失去生产能力。2008年初发生在我国南方广大地区的冰雪灾害更为我们敲响了警钟。

这些问题已经构成了经济和社会发展的严重障碍。现实国情决定了转变发展方式在我国已经刻不容缓。我国的经济发展必须从根本上由主要依靠增加物质资源消耗向主要依靠科技进步、劳动者素质提高、管理创新转变。同时要加大技术开发和自主创新的力度，提高产品的附加价值，提升高新技术产业在现代产业体系中的比重。加快发展现代服务业，使经济发展降低对资源和能源的依赖度，推动产业结构优化和升级。

概括起来，加快转变经济发展方式体现为三个转变，即在需求结构上，促进经济增长由主要依靠投资、出口拉动向依靠消费、投资、出口协调拉动转变；在产业结构上，促进经济增长由主要依靠第二产业带动向依靠第一、第二、第三产业协同带动转变；在要素投入上，促进经济增长由主要依靠增加物质资源消耗向主要依靠科技进步、劳动者素质提高、管理创新转变。如何实现这三个方面的转变、转变中会遇到哪些困难、如何克服这些困难，是经济科学包括产业经济学需要下功夫认真研究的重要课题。

（五）把资源节约、环境友好放在发展的突出位置

中国的工业现代化经过最近 30 年的大推进，已经进入到中后期阶段，目前的阶段性显著特征是重工业化呈现加速趋势，这必然会带来资源、能源的消耗总量和污染物的排放量急剧上升。中国已经成为世界上

最大的加工贸易国，仅2007年的贸易顺差就超过2600亿美元，这2600亿美元的产品供外国公民消费，同时意味着能源消耗和污染排放都留在了中国。作为工业加工贸易大国，这种局面短期内不可能根本改变，因此，节约资源和保护环境就成为我国工业现代化发展的关键环节。从一定意义上说，现代化过程就是在科技进步的推动下，经济不断发展、产业结构逐步优化升级的过程。要形成现代产业体系，需要从多个方面采取措施，其中最重要的是坚持走科技含量高、经济效益好、资源消耗低、环境污染少、人力资源优势得到充分发挥的中国特色新型工业化道路，以信息化带动工业化，以工业化促进信息化。

就工业而言，中国在未来的二三十年内能否实现可持续发展，一个关键的问题在于资源，特别是能源的供给能力和环境承载能力。2007年我国的石油对外依存度已经达到47%，正常情况下这一比例还会上升。2008年3月国际石油期货市场的收盘价已经突破每桶110美元，国际铁矿石价格在三年翻一番的水平上，2008年的协议价格又上涨了65%。太湖蓝藻泛滥导致无锡市民饮水困难，也暴露出过去十年太湖的污染治理成效甚微。毫无疑问，未来的工业化和现代化之路明显面临着资源和环境的严重约束。"节能、减排、降耗"已经成为现阶段我国经济发展的"硬指标"。经济发展从根本上要由主要依靠增加物质资源消耗向主要依靠科技进步、劳动者素质提高、管理创新转变。同时要加大技术开发和自主创新的力度，提高产品的附加价值，提升高新技术产业在现代产业体系中的比重，增强自主品牌产品的国际竞争力。

从产业结构协调发展的角度看，还必须加强农业基础，努力实现农业产业化是节能降耗、维护环境的重要环节；加快发展现代服务业，使经济发展降低对资源和能源的依赖度，推动产业结构优化和升级，也是产业经济学应当关注的重点领域。党的十七大报告指出："必须把建设资源节约型、环境友好型社会放在工业化、现代化发展战略的突出位置，并落实到每个单位、每个家庭。"经济理论工作者为此要着力研究可持续发展的机制，为落实节能减排责任制提出切实可行的解决方案。

（六）从效率优先、兼顾公平到初次分配也要兼顾公平和效率

长期以来，"效率优先，兼顾公平"已经成为分配体制改革的理论共识，并成为我国市场经济发展中长期贯彻的方针政策。这对于打破旧体制下形成的"大锅饭"分配格局，推动分配体制改革，提高生产和经营效率都起到了积极的作用。党的十六大报告提出"初次分配注重效率……再分配注重公平"，是对这一理论的继承和发展。但是，权威的经济学统计分析表明，我国的基尼系数已经超过了 0.4 这个国际公认的警戒线。这一结论也得到了实际经济部门的认同。这种情况不利于经济的发展和社会的稳定。党的十七大报告提出："初次分配和再分配都要处理好效率和公平的关系，再分配更加注重公平。"这是针对我国分配领域的实际情况和存在问题提出的新政策取向。

初次分配就强调公平，在理论认识方面是对效率优先、兼顾公平的发展和完善。如果在初次分配中使分配结果显失公平，不仅不会提高效率，还可能导致适得其反的效果。城乡收入差距进一步扩大，区域之间收入差距也在扩大，行业之间的收入分配差距明显在拉大，甚至已经超过了社会可容忍的界限，这是我们必须面对的严峻现实。虽然国家通过再分配的手段进行调节，但是，收入分配差距过大的趋势依然在蔓延。一段时期以来，以税收为主要来源的国家财政收入的增长率明显高于 GDP 的增长率，而工人劳动工资的增长率则低于经济增长率。根据国家

统计局的数据，中国职工工资总额占 GDP 的比重从 1995 年的 13.3% 下降到 2006 年的 11.1%，而同期的税收收入占 GDP 的比重则由 9.9% 上升到 19.2%。

劳动报酬在初次分配中的比重在逐年降低，致使居民收入在整个国民收入中的比重逐步降低。在企业内部，高层管理人员的收入和普通劳动人员的收入差距也在成倍甚至数十倍地扩大。这种局面仅仅依靠个人所得税的调节来体现公平是极其有限的。

通过初次分配处理好公平和效率的关系，有利于企业职工和高层管理人员之间的和谐，提高工作效率，同时能够降低再分配的调节难度。兼顾公平和效率，就要坚持和完善按劳分配为主体、多种分配方式并存的分配制度。党的十七大报告特别提出，"逐步提高居民收入在国民收入分配中的比重，提高劳动报酬在初次分配中的比重，着力提高低收入者收入，逐步提高扶贫标准和最低工资标准，建立企业职工工资正常增长机制和支付保障机制"。同时要创造条件让更多群众拥有财产性收入，强化税收调节力度，打破经营垄断，扩大转移支付，逐步扭转收入分配差距扩大的局面。公平正义和民主文明是社会和谐的具体目标。在分配领域要通过发展改善民生，使每一个人都能够公平享有发展所带来的好处。如果发展仅仅使得少数人积累大量财富和掌握更多的社会权力，而绝大多数人并没有从发展中获得应有的利益，那么，社会福利总函数就不仅没有扩大，反而会进一步缩小。这样的发展则有悖于和谐社会的目标。

产业效率是组织效率和分配效率的复合函数。效率优先应该是产业经济学遵从的价值原则，从产业经济学角度出发研究分配，当然需要注重分配的效率。因此，在组织效率一定的前提下，通过改变分配结构提高产业或企业效率，是产业经济学研究的重点。公平和效率的矛盾是经济学的永恒命题。过去在理论上强调效率优先并没有错误，因为它符合经济学的效率原则，但如果片面强调效率导致初次分配显失公平，这样反而会损害效率。如何实现党的十七大报告提出的在初次分配中处理好效率和公平的关系，是经济学需要研究的新课题。

（七）优先发展教育，建设人力资源强国

要转变经济发展方式，建设创新型国家，最根本的是培育人力资源优势。党的十七大专门提出了"优先发展教育，建设人力资源强国"。这是针对我国在国际市场竞争中的地位和环境所提出的新要求。13亿人口为我国经济发展中的劳动力供给提供了基础，但是，人多并不等于人力资源多。关键在于劳动力的素质是否适应产业发展和经济增长的要求。在现代市场经济条件下，科学技术越来越成为生产力的首要因素。只有真正掌握了现代科学技术知识和技能的人，才称得上是人力资源。人力资源的培育唯有教育一途，建设人力资源强国，必须优先发展教育。我们应确定这样一个基本公式：人口大国×教育质量=人力资源强国。改革开放30余年，我国大力发展教育事业。在基本普及九年义务教育的同时，积极发展高等教育，重视职业技术教育，强化继续教育，应该说人力资源的开发基本上适应了经济发展的要求。但是，与发达国家相比，我们在人力资本结构方面，在专业人员的基本技能和素质方面，在开发创新能力方面，在劳动生产率的提高方面，还存在着较大的差距。人力资源的这些差距，构成了我国产业在国际竞争力方面的"短边"，使我国产品的技术含量和附加价值大大低于发达国家。

教育的发展程度还是社会发展的重要指标。首先，教育公平是社会公平的重要基础。全面贯彻教育方针，就要给每个人提供接受教育的机

会，使每个公民都能够德智体美全面发展。其次，教育是健全社会风尚的有力武器。把建设良好的社会风尚作为教育的一个主要环节，坚持育人为本，德育为先，可以确保人力资源的品质指标不下降。

产业经济学研究产业竞争。我们首先要面对国际市场的新一轮竞争，面对产业的技术升级、产品更新和产业素质再造。这些都需要加强人力资源开发，提高产业创新能力，使本国产业建立在高素质人力资源雄厚的基础之上。因此，只有优先发展教育，建设人力资源强国，才能真正发展成为创新型国家，确立产业的国际竞争优势，由制造大国变为制造强国。

（八）以创业带动就业的新就业模式

就业是民生之本。在当前和今后一个历史时期内，我国始终面临着就业的压力。有关部门预测，未来我国每年新增就业人数 1300 万人以上，而对劳动力的需求量大约在 1000 万人的水平。就业岗位的供需矛盾非常明显。在新增就业人员中，每年毕业的大学生和研究生达 600 多万人。这些宝贵的人力资源如果不能得到有效的利用，就会造成经济资源的极大浪费。长期以来，我们在理论认识上没有把就业的视野打开，致使青年人把就业简单理解为"找工作"，缺乏自主创业、自我就业的意识。

党的十七大报告明确提出了"以创业带动就业"的新就业模式。这一模式为我们打开了就业的新视野，使我们认识到新时期扩大就业的新渠道。如果说党的十六大报告提出的"鼓励自谋职业和自主创业"还是一种"自我就业"的解读，解决的仅仅是就业者个人的问题，那么党的十七大报告所提出的"完善支持自主创业、自谋职业政策，加强就业观念教育，使更多劳动者成为创业者"则是认识的深化和具体化。通过创业带动更多的人就业，在扩大就业方面是一条行之有效的新路径。

产业经济学需要在产业自组织模式的创新方面关注创业和就业的关系问题。我们完全可以借鉴市场经济发达国家通过建立"自由企业制度"的做法，鼓励创业，带动就业。现在各地农民工回乡创业有不少成功案例；文化水平较高的劳动者，如高校毕业生，有知识和技术，也有创业激情，更有条件自主创业。只要政府积极鼓励，加以合理引导，通过完善支持自主创业的政策，对创业者在工商登记、市场准入、银行信贷、税收优惠等方面给予足够的支持，那么完全能够走出以创业带动就业的新路子。

（九）服务型政府的公共管理新理论

党的十七大报告提出了"建设服务型政府"的公共管理新理论。这是适应社会主义市场经济的公共管理新理论。中国改革开放 30 余年，社会主义市场经济体制已经建立并逐步完善，但是，与之相适应的行政管理体制的改革始终是滞后的。"官本位"的观念还深深地植根于人们的头脑中，政府的行政权力过大、过宽，结果导致政企不分，政资不分，政事不分。这在很大程度上影响了经济运行的效率，也影响了社会公平与和谐。提出建设服务型政府，是社会发展的需要，是时代发展的需要，也是社会主义民主政体的需要，并具备了必要的实施条件。

长期以来，我国各级政府都是行政管理部门。在几千年封建思想的影响下，政府被视为"衙门"，公务员是百姓的"父母官"。在极端思想的影响下，政府是统治机器，是专政工具。政府"服务"的概念没有扎根于人们的意识之中。事实上，政府所花的每一分钱都是纳税人的钱，政府理应为纳税人服务。国家公民和企业法人都是纳税主体，理应得到政府部门所提供的公共服务。实际上，各级政府部门也一直在为企业和老百姓服务，只是在意识里没有为这些纳税人服务的观念。

产业经济学在产业规制方面所研究的问题是政府公共管理的主要内容之一。过去我们把产业规制说成是产业管制，结果在某种程度上强化了政府的"管制"功能，却弱化了"公共服务"的理念。产业规制所涉及的内容，无论是组织规模、技术标准，还是环境标准，都是行业标准问题。本身只能是公共服务，不能是一种管制。

党的十七大正式提出加快行政管理体制改革，建设服务型政府。产业规制作为公共管理的领域同样需要从过去的审查和管制向提高服务效率转变。包括政府机构改革在内的整个行政管理体制改革，现在仍然由于部门利益问题而无法推动。这些都有待于在服务型政府理论的指导下进一步探讨推进的路径。

（十）有利于节约资源和保护环境的消费模式

党的十七大报告提出要"基本形成节约能源资源和保护生态环境的产业结构、增长方式、消费模式"。这是在科学发展观指导下，为全面实现小康社会，为建设生态文明，实现经济、社会和环境的全面协调可持续发展所提出的基本要求。为了节约能源资源和保护环境，经济理论界更多的是关注产业结构的升级和增长方式的转变，认为这两个方面是缓解资源和环境约束的主要途径，却忽视了不适当消费模式所带来的负面影响。党的十七大报告提出了建立有利于节约资源和保护环境的新消费模式，为经济理论研究打开了新的领域。

生产决定消费，但是，没有消费也就没有生产，消费的观念和行为也影响着生产，这是马克思主义经济学的基本观点。要实现经济和社会的可持续发展，消费模式是一个重要的变量。在我国的能源消费结构中，电力的消费一半以上是生活消费，这是由于冰箱、电视、空调、电脑等各类家用电器的普及所形成的消费结构而带来的直接结果。当中国的工业化历史性地与信息化相遇时，电子信息产品的极大丰富也推进了消费结构的升级，手机等通信工具和视听产品的更新换代速度过快也导致信息电子垃圾超速增长；塑料引起包装革命的同时也催生了"白色污染"的加剧；房地产业在改善居民住房条件的同时也在侵占耕地，在拉动经济增长的同时也在引起能源和原材料供应的紧张；汽车进入家庭是中国经济生活发展的必然，而带来的能源消费、环境污染、道路拥堵同样不利于环境和生态文明。

消费也包括生产性消费，生产性消费的物质总量要比生活消费大得多。新消费模式应该既包括生活消费，也包括生产消费。经济学尤其是产业经济学要研究如何从生产和生活的各个环节上建立起崇尚节俭、降低消耗、保护环境的社会经济机制，研究循环经济也应该把生活消费纳入视野之内。

党的十七大报告对经济理论的创新和发展远不止这十个方面。我们需要在这些理论的指导下，进一步解放思想，深入研究新情况和新问题，推动中国特色产业经济理论的发展。

（与张世贤合作，原载《中国工业经济》2008 年第 4 期）

三、深入研究转变经济增长方式的意义和任务

党的十四届五中全会提出了转变经济增长方式的任务，要求由粗放型经济增长方式转变为集约型经济增长方式。党的十六大又提出全面建设小康社会的任务，转变经济增长方式是全面建设小康社会的重要保障。那么，什么是经济增长方式呢？我认为，经济增长方式是指生产要素的组合、使用的方式方法。生产要素包括劳动、资本、土地、技术、管理等内容。转变经济增长方式就是要提高生产要素的质量，优化生产要素的组合，改进生产要素的配置，发挥生产要素的潜能。

为了加快转变经济增长方式的步伐，需要研究我国经济增长方式的现状，转变中取得了什么成就，面临什么任务，应该采取什么措施，还要进一步认识转变经济增长方式的意义。

（一）转变经济增长方式仍是紧迫任务

根据国务院发展研究中心课题组的调查研究，改革开放以来，我国转变经济增长方式取得了明显的成效。主要表现在：

1. 单位增加值的资源消耗下降

改革开放以来，国民经济和各产业部门每万元 GDP 产出的能源和电力消耗总体上呈现明显下降趋势。1980 年和 2002 年，按照不变价格

计算，每万元GDP产出的能源消耗分别为14.34吨标准煤和4.76吨标准煤，22年间总下降幅度达66.8%。电力消耗分别为0.72千瓦时/元和0.52千瓦时/元，22年间下降幅度为27.8%。其中工业部门降低的趋势更加明显，按照不变价格计算工业部门每万元GDP增加值的能源消耗，1980年和2002年分别为20.85吨标准煤和4.75吨标准煤，22年间下降幅度为77.2%；每单位增加值的电力消耗分别为1.26千瓦时和0.55千瓦时，22年间总体下降幅度为56.3%。

2. 单位增加值的排污量呈现下降趋势

最近几年，工业部门单位增加值的污染物产生和排放方面，除了工业废气从2000年开始有轻微上升外，其他指标都呈现下降的趋势。从1998年到2003年的五年间，按照1978年不变价格计算，单位工业增加值排放的废水、粉尘和固体废物分别下降了34%、52%、22%。最近几年来环境污染问题的加重和生态的恶化，主要是由于总产出增加导致排污总量增加。

3. 投资系数（指增加一单位产出需要多少单位的投资）没有明显恶化

据计算，1978~2003年，我国投资系数的平均值为1.84，其中1978~1990年的平均值为1.79，1990~2003年的平均值为1.85，1990~1995年的平均值为1.35，1998~2003年的平均值为2.00。

4. 全要素生产率对经济增长的作用显著

全要素生产率是指包括资本、劳动在内全部投入的生产率，它的提高是技术进步和管理进步的结果。尽管如何计算全要素生产率存在数据采集和参数选取方面的争议，但是综合各方面的研究结果可以看出，我国改革以来全要素生产率对经济增长的贡献是逐步提高的，按照最不乐观的估计，中国的经济增长大约有1/3左右的份额是全要素生产率增长贡献的结果。

我国能耗的下降幅度这一时期也不逊于世界平均水平，不逊于发达国家和发展中国家。根据国际能源组织的数据，从1971年到1999年，按1995年国际购买力平价（PPP）标准衡量的美元计算，我国单位增加值能耗下降68.2%，同期世界平均下降幅度为27.7%，欧洲国家平均下降幅度为11.2%，亚洲国家平均下降幅度为32.3%。

与当前国际水平相比，我国经济仍然呈现出明显的粗放型增长特征。其表现是：

（1）资源的利用效率低。一是单位资源的产出效率较低。总体来看，我国重要资源的产出效率不仅远低于发达国家水平，也低于世界平均水平。按照现行汇率计算，2003年我国GDP约占世界的4%，但重要资源消耗占世界的比重却很高，石油为7.4%、原煤为31%、钢铁为27%、氧化铝为25%、水泥为40%。我国用水总量与美国相当，但GDP仅为美国的1/8。

二是资源的技术效率低。我国2000年每吨乙烯综合能耗为1212千克标准煤，而同年日本的水平为714千克标准煤。2001年我国6000千瓦及以上机组火电厂供电能耗为每千瓦时385克标准煤，同年日本九大电力公司的平均水平为314克标准煤，美国在1995年为376克标准煤。2000年我国重点企业吨钢可比能耗为781千克标准煤，同年日本的水平为646千克标准煤，而1994年美国和法国的水平分别为721千克标准煤和735千克标准煤，1990年美国的水平为757千克标准煤。大型合成氨装置的能耗强度，2000年我国和美国的水平分别为1200千克标准煤和970千克标准煤。2000年我国大中型企业每吨水泥综合能耗为181千克标准煤，同年日本的水平为125.7千克标准煤。

三是资源综合利用率和再生资源回收利用率较低。目前，我国矿产资源总回收率为 30%，比国外先进水平低 20 个百分点。我国木材综合利用率约为 60%，而发达国家一般都在 80% 以上。我国再生资源利用率也较低：2003 年我国钢铁工业年废钢利用量为 5800 多万吨，占粗钢产量的比例为 26%，而世界平均水平为 43%；工业用水重复利用率不足 60%，比国外先进水平低 15~25 个百分点；轮胎翻新量仅占新胎产量的 4%，其中轿车轮胎基本不翻新，而发达国家这一数据一般为 10%。

（2）污染排放强度高。2000 年，我国单位 GDP 排放有机污水的强度为 0.5 千克，为其他国家的 2~3 倍。

（3）交易效率低、交易成本高。经济的总成本由两部分组成，一是制造成本，二是交易成本。中国不仅物耗部分的制造成本高，交易成本也高。一是因为经济体制尚未实现根本性转变，法律制度不健全，市场信用状况差，市场秩序不良，在这种情况下，在发达国家一笔交易就能完成的一个经济往来，在我国可能需要多笔交易才能完成。二是因为我国现代服务业发展相对滞后，技术手段和管理水平不高，完成同样一笔交易，在我国可能需要花费更大的成本。最终导致国民经济总交易成本高。

从今后我国经济增长面临的资源、环境条件及国际背景来看，我国在转变经济增长方式方面面临的任务不仅十分艰巨，而且十分紧迫。如果不转变经济增长方式，资源将难以支撑，环境将难以承受，更难以提高国际竞争力。还应该看到，我国正进入工业化中后期阶段，即进入重化工业阶段。重化工业的投入比轻工业多得多，这就更加要求转变经济增长方式。有人否认我国现在进入重化工业阶段，有人主张多发展第三产业来促进经济发展，认为发达资本主义国家工业化后期就是这样做的。事实上，英、美、德、日等资本主义国家工业化后期是重工业占优势，它们的第三产业占 GDP 最大比重，是在完成工业化以后才开始的，是后工业化现象，工业化中后期还是工业占最大比重。

我们不能盲目发展重化工业，但是像中国这样的大国，重化工业阶段是不能逾越的，也不能把发展重化工业和转变经济增长方式对立起来，而要在发展重化工业的同时，更加重视转变经济增长方式，减少投入，减少污染，提高效益，保护环境。

（二）转变经济增长方式是事关中国特色社会主义前途命运的大事

我们应该提高对转变经济增长方式意义的认识。对于转变经济增长方式对经济发展的意义，人们已有比较充分的认识了：不转变经济增长方式，国家经济持续快速发展是不可能的。对于中国来说，转变经济增长方式不仅是发展经济的关键，也是事关中国特色社会主义前途命运的大事。

首先，苏联剧变的一个重要原因是没有实现经济增长方式的转变。苏联在20世纪60年代就提出要实现转变经济增长方式，但是到90年代解体也未能完成这个任务。结果是生产力发展严重滞后，不仅显示不出社会主义制度的优越性，人民生活水平的提高速度也远远慢于发达资本主义国家，人民生活水平与发达资本主义国家的人民生活水平差距越来越大。苏联军事科学技术虽然很发达，但是民用技术落后。20世纪六七十年代，世界开始了新的产业革命，苏联的体制妨碍了它参与这次产业革命，只能继续维持粗放型经济增长方式，因此使得民用技术和民用产业越来越落后。由于苏联经济增长方式与先进生产力发展越来越不适应，与社会主义生产关系越来越不适应，结果就是苏联的解体和苏联社会主义的失败。

其次，中国社会主义存在着能否持续发展的问题。邓小平同志一再强调要坚持社会主义，我的体会就是因为中国社会主义存在着能否持续发展的问题，也就是存在着失败的可能。如果不能使生产力发展，就只能搞贫穷的社会主义，而贫穷不是社会主义的宗旨。即使生产力发展了，如果分配不公平，两极分化严重，社会不稳定，社会主义也会失败。中国现在主要还是发展生产力的问题，还是发展经济的问题。如果不转变经济增长方式，发展生产力和发展经济将会有很多困难。现在的分配方式是按劳分配和按生产要素分配相结合，生产要素除了劳动力外，还有土地、资本、技术、管理等。就这五者而言，现在后四者在分配中占优势，这是产生两极分化的重要原因。转变经济增长方式，使科学技术发挥第一生产力的作用，提高劳动者的素质，包括他们的科学技术水平和管理水平，提高劳动者的收入比重，这样不仅可以大幅度提高生产力水平，而且可以提高劳动者在市场中的份额，这两方面都有利于社会主义的持续发展。

再次，中国现在的社会主义还不是马克思要实现的社会主义。马克思说的社会主义，是在生产力高度发展后，资本主义制度已经容纳不了它的生产力，只有实现社会主义才能解决资本主义生产关系与生产力之间的矛盾。这时，阶级消失了，不存在阶级斗争了，资本主义复辟的危险也没有了。中国是在资本主义没有充分发展，甚至很少发展的情况下，在生产力落后的基础上建立社会主义的，实际上是要走一条非资本主义道路，通过一个很长时期的建设和发展来达到建成马克思主张的社会主义。这个时期中，也不是完全不要资本主义，而是既发展社会主义因素，又发展资本主义因素，使社会主义因素起主导领导作用，最终实现社会主义。过去由于"急性病"，过早地建立了社会主义，所以邓小平同志称之为不合格的社会主义，又称之为社会主义的初级阶段。在这个阶段，由于生产力落后，资本主义发展的可能性则是存在的。所以，中国现在的社会主义存在能否可持续发展的问题。

在改革开放过程中，我们提高了对社会主义的认识。过去把公有制、计划经济、按劳分配看作社会主义经济的基本特征，现在提出私有经济是社会主义初级阶段基本经济制度的重要组成部分，社会主义要发展市场经济，除了实现按劳分配以外，还要按其他要素分配。这是对马克思主义社会主义理论的发展。最近有人指出，马克思说的社会主义是在生产力高度发展的基础上实现的，现在没有达到这种生产力高度，所以不能全面实现公有制、按劳分配、计划经济这三个特征的社会主义。中国特色社会主义初级阶段的基本经济制度并不能证伪马克思的社会主义理论，马克思的理论是科学的、正确的，只是现在还不具备条件。这种观点认为，马克思关于社会主义经济特征的说法没有错误，将来仍会实现。我认为这种观点需要重视，更要加以研究。有一点应该肯定，现在确实有一个社会主义持续发展的问题，解决这个问题的一个关键就是转变经济增长方式。

最后，资本主义国家尤其是发达资本主义国家也在加快转变经济增长方式。资本主义国家在历史上曾靠大量消耗资源、严重破坏环境来发展经济，但是也在不断转变经济增长方式。到了一定时期，经济发展就主要依靠转变经济增长方式。现在资本主义制度在发展经济上还有潜力，主要是在转变经济增长方式上还有潜力，包括在加快技术进步、改进经营管理、调整经济结构、调整生产关系等方面还有潜力。只要社会主义制度和资本主义制度还在世界上并存，两种制度之间就会有竞争，包括在转变经济增长方式上的竞争。如果坚持社会主义道路的中国在转变经济增长方式上长期落后于资本主义国家，中国的经济增长方式与发达资本主义国家经济增长方式的差距就会越来越大，这对于中国特色社会主义将是一个严峻的威胁。

所以，我强调转变经济增长方式是关系我国社会主义的前途命运，从而也是关系我们国家前途命运的大问题。

（三）转变经济增长方式也是迎头赶上新的产业革命的需要

从 20 世纪六七十年代开始，由于计算机的发明以及信息技术和其他新技术的发明推广，世界开始了一次新的产业革命。有人称之为信息革命，有人称之为知识革命，有人则称之为基于技术体系变革的新产业革命，也许称之为新产业革命比较妥当。我们知道人类已经经历过两次产业革命，一次是农业革命，一次是工业革命。农业革命形成了农业社会，工业革命形成了工业社会。这次产业革命的内容不仅有信息技术，而且有生物技术、纳米技术、新能源技术、新材料技术，还有航天技术、海洋技术、"绿色"技术等。这些技术革命形成的社会，有人称之为信息社会，有人称之为知识社会或者后工业社会。

在第一次产业革命即农业革命时期，中国可以说是走在世界前列的，因此在农业社会时期中国是一个强国。但第二次产业革命时期即工业革命时期，中国就落伍了，因此长时期处于被动挨打的局面。这次产业革命中国也耽误了一段时间，但后来就觉醒了，努力设法迎头赶上了。我们既说迎接新产业革命，又说迎头赶上新产业革命，为什么用两种说法？这是因为我们在技术上和发达国家相去甚远，这次产业革命中又耽误了一段时间，所以要迎头赶上。但是每次产业革命都将经历一段不短的时间，这次产业革命刚刚开始不久，因此也可以说迎接新产业革命。应该强调的是，无论是迎接新产业革命也好，还是迎头赶上新产业革命也好，都是需要条件的。从产业革命的历史来看，工业革命是从英国开始的，后来参加的有法国、德国、美国、日本，它们都是具备条件才得以开始工业革命并取得成功的。这次产业革命也是如此。应该说中国现在基本上具备了迎接这次产业革命的条件，但也要看到条件并不充分，还需要创造更多更好的条件。加快转变经济增长方式，包括加快技术进步、优化产业结构以及完善社会主义市场经济体制等，就是为了迎接新的产业革命，为迎头赶上新的产业革命创造条件。

这次新产业革命是工业社会、工业文明发展的必然结果，这表明工业革命将走到尽头，有可能向更高的文明过渡。这也是中国走新型工业化道路的客观依据。

（四）转变经济增长方式要优化产业结构

优化产业结构对转变经济增长方式具有重要意义。党的十四届五中全会提出"切实转变经济增长方式"的要求时，提出的第一项任务就是"优化产业结构，着力加强第一产业，调整和提高第二产业，积极发展第三产业"。党的十六大又提出"坚持以信息化带动工业化，以工业化促进信息化，走出一条科技含量高、经济效益好、资源消耗低、环境污染少、人力资源得到充分发挥的新型工业化路子"。并提出"推进产业结构优化升级，形成以高新技术产业为先导，基础产业和制造业为支撑，服务业全面发展的产业格局"。

改革开放以来，我国产业结构发生了显著变化。根据国务院发展研究中心的调查研究，从 1978 年至 2003 年，第一产业的增加值比重下降了 13.5 个百分点，由 28.1%下降到 14.6%；第二产业增加值比重由 48.2%提高到 52.2%，提高了 4 个百分点；第三产业增加值比重由 23.7%

提高到 33.2%，提高了 9.5 个百分点。三次产业结构出现了明显变化，而且就业结构的变化远大于收入结构的变化，三次产业间的劳动生产率差距进一步拉大。

自 2001 年起，出现了重化工业加速发展的特征。轻工业占工业增加值的比重由 1987 年的 33.79%下降到 2003 年的 27.14%，同期重工业所占比重由 49.17%上升到 54.04%，尤其是 2001 年之后，重工业的比重加速提高，三年间提高了 3.96 个百分点，出现了明显的重化工业加速发展的特点。

与日本等国重化工业时期的产业结构相比，我国的不同在于，重化工业得到加快发展的同时，电子通信设备制造业等技术密集型产业得到了更快的发展，带有明显的、新技术条件下的时代特征。

当前我国产业结构存在的突出矛盾主要体现在：一是现代服务业发展滞后，城市化水平低，三次产业结构失衡；二是经济增长方式依然粗放，面临资源供应和环境保护的巨大压力；三是产品的附加价值偏低，产业的技术创新能力差；四是对就业的带动作用下降。以 1995~2003 年和 1978~1985 年相比，第二产业的就业弹性系数由 0.56 下降为 0.024，第三产业的就业弹性系数由 0.538 下降为 0.337。

为了促进产业结构优化升级，要积极转变经济增长方式，增强经济的可持续发展能力和产业的国际竞争力，提高产业的创新能力。为此要采取以下措施：一是大力发展高新技术产业，积极推进国民经济和社会信息化，以信息化带动工业化，加快用高新技术和先进适用技术改造和提升传统产业。二是加快发展现代服务业，以服务业的结构升级作为调整三次产业结构的突破口；加快发展金融、保险、咨询、物流等知识型服务业，致力于服务业的结构升级和增强服务业的竞争力。三是克服重工业发展的盲目性，引导重工业健康发展。四是提高制造业在国际分工中的价值链，实现由制造业大国向制造业强国的转变。五是增强产业创新能力。技术创新能力由技术引进、技术改造向原创型技术创新升级；针对某些重要的战略性产品（如集成电路、飞机制造）以及具有重大应用前景的关键技术（如生物技术、新能源汽车等），建立国家重大创新工程。六是加快发展装备制造业，实施装备制造业振兴战略。

这里我对一个争论问题提出自己的看法。前面说过，有些同志认为现在我国的工业化已进入重化工业阶段，有些同志则不赞成这种看法，而且认为工业化进入重化工业阶段是和转变经济增长方式相矛盾的。我国当前主要靠服务业发展经济。正如吴敬琏同志所说，1931年德国经济学家霍夫曼根据工业化早期和中期资本品生产快于消费品生产增长的经济事实，预言到了工业化后期，资本品工业将成为经济的主要部分，这就是"霍夫曼定理"。服务业在19世纪和20世纪之交后异军突起，很快超越工业成为主导产业。从经济史学家麦迪森提供的数据中可以看到，在工业化后期的英国和美国经济中增长最快的主导产业，并不像霍夫曼预言的那样是工业，特别是重工业，而是服务业，尤其是其中的生产性服务业（见《文汇报》2005年2月27日第6版和《新华文摘》2005年第2期）。

我不赞成后一种意见，理由是：第一，"霍夫曼定理"是指在工业化过程中，消费品工业的净产值与资本品工业净产值之比是不断下降的。该定理认为，工业化第一阶段：消费品工业占优势，比值为5（±1）；第二阶段：资本品工业迅速发展，比值为2.5（±1）；第三阶段：消费品工业与资本品工业达到平衡，比值为1（±0.5）；第四阶段：资本品占主要地位，比值在1以下。这个定理是经验概括，是有事实依据的。第二，麦迪森的《世界经济千年史》（第87页）提供了荷兰、英国、美国在1700年、1820年、1890年和1998年这四年的就业构成。吴敬琏同志根据1890年至1998年的变化证明它们"工业化后期发展靠的是第三产业和小企业的发展"。但事实上，1998 年它们早已进入后工业社会，而不是工业化后期了。麦迪森并未提供工业化后期的相关数据。第三，著名史学家库兹涅茨在《各国的经济增长》一书中提供了许多国家在工业化初期、中期和后期的三次产业构成。例如，英国三次产业国内生产总值的比重 1924 年为 4.4：55：40.6，1955 年为 4.7：56.2：39.1；法国三次产业国内生产总值的比重 1896 年为 25：46.2：28.8，1963 年为 8.4：51：40.6；荷兰三次产业国内生产净值比重 1913 年为 18.8：36.8：44.4，1963~1967 年为 8：49.9：42.1；德意志联邦共和国三次产业国内生产净值比重 1936 年为 13.4：50.8：28.6，1950 年为 12.4：59.9：27.7；美国三次产业国内生产总值比重 1889/1899 年为 25.8：37.7：36.5，1953 年为 5.9：48.4：45.7。以上数据并不能证明这些国家工业化后期主要是靠第三产业发展经济的。联系该书关于制造业和服务业中细分二部门的数据看，工业化后期一般都是经历过重化工业阶段的。第四，工业化过程中的重化工业阶段有其必然性，它是居民收入增加、消费结构优化的结果，是城市化的结果，也是技术进步的要求，是难以完全跨越的。尤其是大国，不经过重化工业阶段，工业化就难以实现，服务业也难以成为主导产业，也就谈不上由工业化向信息化转变。第五，转变经济增长方式和工业化进入重化工业阶段是不同的问题，它们并不矛盾，更不排斥。反对盲目搞重化工业是正确的，认为搞重化工业就妨碍转变经济增长方式则没有根据。我们当前正是要面对进入重化工业阶段这个事实，努力转变经济增长方式。

（五）转变经济增长方式要依靠技术进步

转变经济增长方式是一个系统工程，要从多方面做工作，加快技术进步是一个重要方面。改革开放以来，我国技术进步取得了很大成绩，但也存在很多亟待解决的问题。国务院发展研究中心的一份调查报告认为当前我国技术进步存在的主要问题有：

第一，科学技术与经济社会发展脱节。虽然经济体制和科技体制改革已经进行了近三十年，取得了许多重要进展，但技术与经济"两张皮"的问题并没有得到根本解决。

第二，技术供给不足，不能满足经济社会发展的需要。这反映在经费投入少、人力资源少、技术装备差、成果产出少等方面。长期以来，我国技术发展的自主创新不足，可持续创新能力薄弱，高新技术立足于跟踪国外先进技术，核心专利技术少，有些行业的技术和装备主要依赖于进口。

第三，技术进步主要是靠大量引进国外先进技术和管理经验取得的，但技术引进的消化吸收、创新效果不好，重复引进问题没有根本解决，引进技术没有同自主创新和提高产业竞争力结合起来。

第四，没有把技术进步放在经济社会发展的优先地位，有些政府和企业存在短期行为，技术投入明显不足。教育尤其是基础教育还没有受到重视。

上述问题的存在，既不利于经济增长方式的转变，也会影响到经济的持续增长。这就必须采取有力措施，依靠技术进步促进国民经济持续地增长，把加快技术进步放在经济社会发展的战略优先地位。

加快技术进步要把自主开发与技术引进和消化吸收更好地结合起来。我国技术进步的来源包括国内和国外两个方面。因此，必须实行自主研究开发与引进国外技术相结合，既不能完全依赖引进，也不能完全依赖自主创新。一方面，一些战略领域的关键技术是无法从国外引进的，这就需要自主研究开发。在基础研究、高新技术领域、关键产业技术领域，都要强调原始性创新能力，形成自主知识产权。另一方面，也要大力引进先进技术和装备，注重引进技术的消化吸收和再创新，用引进技术推动国内创新，把技术引进与自主创新和提高产业竞争力结合起来。总之，要针对存在的问题，从多方面做工作，加快技术进步，落实科教兴国战略。

（六）转变经济增长方式必须完善社会主义市场经济体制

苏联从 20 世纪 60 年代就提出要转变经济增长方式，每个五年计划都有转变经济增长方式的内容，但直到苏联解体，也未能完成转变经济增长方式的任务。苏联为什么未能实现经济增长方式的转变？原因有很多，一个根本问题就是制度问题。苏联实行的计划经济体制到后期已经严重阻碍生产力的发展，尤其是阻碍经济增长方式由粗放型向集约型转变。吸取苏联的教训，当前我们要努力完善社会主义市场经济体制。

现在我们已经初步建立了社会主义市场经济体制，但是还很不完善，存在很多亟待解决的问题。这些问题或直接或间接地不利于优化产业结构，不利于技术进步，也不利于转变经济增长方式。存在的问题主要是：

（1）国有经济的分布还过宽过散，不仅使国有企业建立现代企业制度困难增多，而且不利于完善以公有制为主体、多种经济所有制共同发展的基本经济制度。

（2）现代企业制度还远未建成。国有股一股独大现象普遍存在，企业法人治理结构很不完善。垄断部门的国企改革更是滞后。国有资产管理体制改革还需要深入，需要完善。

（3）集体经济形式单一，产权不清，缺乏吸引力。合作社就是集体经济的重要实现形式，现在真正有活力的合作社不多。在调整国有经济布局、减少国有企业的同时，如果集体经济不能健康迅速发展，公有制在国民经济中如何成为主体将是一个问题。

（4）私有经济的发展还受到人为的限制，私人财产保护的法律力度还不够，与此同时，企业主侵犯职工权利的现象也时有发生，甚至相当严重。

（5）分配制度问题很多，初次分配的激励约束机制不健全，分配调节机制不完善，出现了贫富差距悬殊的两极分化现象。

（6）社会保障制度改革需要加强和深化。当前的社会保障体制不仅忽视了占人口大多数的农村居民，城市户籍人口也只覆盖了不到一半。养老、医疗、失业、工伤、生育等保险的发展也很不平衡。

（7）市场体系距离"统一、开放、竞争、有序"的要求还有差距。全国统一市场在西方国家的资产阶级民主革命时期就实现了，但我们现在市场分割仍很严重，行业垄断、地区封锁很普遍。

（8）城乡关系没有理顺。例如，城乡体制分割，农村经济体制不适应发展新阶段的要求。

（9）财政、金融、投资体制改革有待深入。尤其是金融体制必须抓紧改革，如不抓紧改革，弄得不好，可能导致金融危机。

（10）政府职能转变滞后。企业和政府职能不清的现象仍比较严重。政府利用审批制度获利，权钱结合导致腐败等现象严重。政企关系不理顺，难以形成完善的社会主义市场经济体制。政府改革已成为深化经济体制改革的关键问题。

以上问题说明我国社会主义市场经济体制亟待完善，改革还需要深入。党的十六届四中全会的《决定》中提出"要不断提高驾驭社会主义市场经济的能力"。提出深化改革中要切实解决好关系经济体制改革全局的六个重大问题。一是正确处理坚持公有制为主体和促进非公有制经济发展的关系，毫不动摇地巩固和发展公有制经济，发挥国有经济的主导作用，毫不动摇地鼓励、支持和指导个体、私营等非公有制经济的发展，使两者在社会主义现代化进程中相互促进，共同发展。二是正确处理按劳分配为主体和实行多种分配方式的关系，鼓励一部分地区、一部分人先富起来，注重社会公平、合理调整国民收入分配格局，切实采取有力的措施解决地区之间和部分社会成员收入差别过大的问题，逐步实现全体人民共同富裕。三是正确处理市场机制和宏观调控的关系，坚持按市场经济规律办事，更大程度地发挥市场在资源配置中的基础性作用，加强和改善国家宏观调控，促使国民经济充满活力，富有效率，健康运行。四是正确处理中央和地方的关系，合理划分经济社会事务管理的权限和职责，做到权责一致，既维护中央的统一领导，又更好地发挥地方的积极性。五是正确处理经济改革和其他方面改革的关系，加强统筹协调，使各项改革互相促进。六是正确处理改革、发展与稳定的关系，注意把握好改革措施出台的时机和节奏，把改革的力度、发展的速度和社会可承受的程度统一起来，在社会稳定中推进改革发展，通过改革发展促进社会稳定。

为了提高驾驭社会主义市场经济的能力，还要贯彻科学发展观，并要全面正确地认识社会主义和市场经济的矛盾。这一点也很重要。这就要深刻认识社会主义和市场经济能不能结合，如何结合，认识社会主义和市场经济有没有矛盾，如何解决它们之间的矛盾。这样做，才能完善社会主义市场经济，促进经济增长方式转变。

（本文为作者 2005 年 5 月 15 日在江西师范大学商学院的演讲稿）

四、跨世纪中国经济发展的几个问题
（读书札记）

跨世纪中国经济将如何发展，引起了人们的普遍关注。关注的主要问题有：中国经济是否仍处于高速增长时期，怎样优化产业结构，怎样防止和克服贫富悬殊、两极分化，所有制结构将如何变化。我认为中国经济仍处于高速增长时期，对此将另行专文论述。对于其他几个问题，我在研究过程中收集和阅读了有关资料，看到有些论文和调研报告提出了很有见地的意见。下面是我对有关这几个问题的读书和研究的心得体会。

（一）怎样优化产业结构

为了实现经济高速增长，优化产业结构是一项重要的任务。产业结构总是随着经济增长而变动的，问题是如何变动。只有产业结构不断优化，经济增长才能顺利进行，才不至于只有经济增长而没有经济发展。

改革以前，产业结构存在很多问题。改革以来也是不断解决问题，又不断出现新问题。因此改革三十多年来，我国产业结构经历了多次重要的调整过程。所谓产业结构调整包括两方面的内容，一是产业结构的合理化，即消除产业结构的失衡，克服比例失调，使资源得到充分利用，使经济快速协调地发展；二是产业结构的优化，亦即产业结构升级，包括提高产业结构中技术密集部门、资本密集部门的比例和提高产业结构的整体技术水平，提高国民经济的经济效率和社会效益。

1978 年以来，产业结构调整大致可以分为三个阶段：第一阶段，1978 年至 20 世纪 80 年代末，有人称之为提高人民生活水平进行产业结构调整的阶段，包括加强农业、优先发展轻工业、加快服务业发展。第二阶段，20 世纪 80 年代末至 1995 年，有人称之为消除基础产业瓶颈状态的产业结构调整。这一期间大力发展了基础产业和基础设施。第三阶段，就是 1996 年以后，属于提高产业结构经济效率和社会效益的阶段。在前面两个阶段里，重点是产业结构合理化，从第三阶段开始，重点由产业结构合理化转变为产业结构优化，当然也还有补短的任务。

通过前两次产业结构合理化调整，薄弱的产业部门不断得到加强。薄弱产业部门的增长本身对经济增长做出了贡献，同时也支持了其他产业部门的发展。这一时期产业结构的合理化是带动经济增长的重要力量。

从"九五"时期开始，我国产业结构调整进入了一个新的时期，即从产业结构合理化的调整时期进入到产业结构优化的调整时期。在过去的产业结构合理化调整时期，产业结构调整的方式主要是加强薄弱产业的建设，也可以说主要是补短。新的优化产业结构的调整不再是简单的补短，而是涉及新兴产业不断发展壮大，技术水平高的产业比重上升，技术落后的产业逐步淘汰。这就不仅需要改变增量要素投入的方向，而且必须实现存量要素特别是劳动力在产业间的转移，因此现在面临的产业结构调整更为复杂和艰巨。

改革开放以来，产业结构调整对我国告别短缺经济也有很大的功劳。不过产业结构仍有很多问题需要解决。现在产业结构已告别了市场短缺和瓶颈制约，但仍是一种低技术水平的产业结构。在改革开放过程中，我国低水平的产业结构没有得到根本性的改变。在 20 世纪 80 年代的产业结构大调整中，轻纺工业的发展主要依靠数量的扩张。由于巨大的市场需求，各地不断重复引进国外生产组装线，购买国外的零部件组装各种消费电器。在生产线引进热潮中，忽视了技术的消化吸收，忽视了自我开发能力的提高。现在，很多企业仍然只是从事简单的组装加工工作，生产线、产品设计和核心部件仍严重依赖进口。目前一些家电产品生产能力的大量过剩与当时盲目的重复引进有很大关系。在各地的"开发区热"、"房地产热"以及"港口、机场、道路建设热"中，我国的投资结构严重失调，基建投资大幅增长，技术改造严重滞后。我国技术改造投资在固定资产投资中的比重是："七五"时期为 20.1%，"八五"时期降为 17.1%，1997 年进一步下降到 15.3%，企业技术改造投资已连续三年没有完成计划。在发达工业国家的固定资产投资中，70%~80%用于设备更新和技术改造。

我国基础产业发展也未能带动重加工业的增长，基础产业在规模扩张中所需的机械装备主要依靠进口。实际上，我国的装备工业在这一时期是呈下降趋势的。机电设备是工业技术的核心，我国国产机电设备的国内市场占有率从 80 年代初的 90% 下降到目前的不足 40%，其中数控机床、移动电话等高技术产品的国内市场几乎全部被进口产品占领。

我国资源状况恶化，环境污染严重，这也是产业结构不合理的结果。我国工业比重高，第三产业比重低。工业是自然资源的最大消耗者。以能源消耗为例，1995 年我国工业消耗的能源占我国生产性能源消耗总量的 83%，占全部能源消耗的 73%。同时工业也是能源消耗强度最大的部门，1995 年工业的万元增加值能源消耗为 3.9 万吨标准煤，远远高于农业和服务业。

我国产业结构不合理还表现在不利于解决就业问题和缓解就业的压力。就业问题是我国面临的一个长期问题。1996 年，我国农村在乡镇企业就业和外出打工的农村劳动力合计有两亿多人，估计目前我国农村还有一亿多剩余劳动力有待转移。在目前的城市改革中，随着企业"减员增效"的深入，城市失业人数在不断增加。1997年国有企业下岗职工为1151万人。我国目前仍处在劳动力增长高峰期，每年劳动力净增约1000多万人，就业矛盾日益尖锐。有人估计我国城市隐形失业率为30%左右，而农村隐形失业率则在30%以上。

从目前的就业结构来看，我国就业结构的升级远远落后于生产结构的升级。1997年我国农业的增加值占GDP的比重只有18.7%，而农村就业劳动力占全国就业总人数的一半。

从90年代的发展经验来看，我国经济发展越来越呈现出资本密集的特征。"八五"期间我国GDP年均增长率为11.9%，全社会固定资产投资年均增长率为20.6%，而就业的年均增长率仅为1.3%，下岗和登记失业人数呈增长趋势，就业年均增长率是历史上的最低点。在经济增长最快的时期和劳动力供给最丰富的时期，就业增长却处于历史最低点，这也反映出我国产业结构存在的问题。我国经济的资本密集度增加是提高经济效益和竞争力的一条途径，但是考虑到我国面临的巨大就业压力和要素供给特点，我们必须处理好资金密集和劳动密集经济的关系，走出适合于我国国情的工业化道路。

我国产业结构优化的主要方向是什么？我赞同有些同志提出的四点意见：第一，要实现产业结构高度化。这要解决产业结构中存在的以下几个问题：一是第一产业中就业人口比例偏高问题，包括农村劳动力转移的问题。解决这一问题需要采取发展教育事业、加快城市化进程、改革人口管理制度等一系列措施。二是第三产业发展不足问题。三是大力调整第二产业的内部结构，必须提高技术密集部门比重，提高整个产业的竞争力。

第二，努力提高产业的技术水平。一是要大力发展高新技术产业，提高高新技术产业在经济中的比重。必须跟踪世界先进技术，集中必要的力量，在较高的起点上实现经济腾飞。二是要利用高新技术改造传统产业，提高经济的整体技术水平。要以新的生物技术、机械技术和化学技术来改造传统的农业，以新能源、电子自动化和信息技术来改造传统工业，使传统产业在新的技术基础上实现新的增长。

第三，建立适合我国资源特点的产业结构。我们必须根据自身的要素特点，参与国际竞争。看来，在国际竞争中，我们的竞争战略应以劳动密集的产业为主，以资本密集产业为辅，以技术密集产业为发展方向。这种战略符合我国的资源和要素供给特点，有利于解决我国就业问题，也是一条相对容易成功的道路。发展劳动密集产业并不排斥技术密集的产业，许多劳动密集型产业，如计算机软件、技术服务、信息咨询服务等，也是技术密集产业，我们应将发展劳动密集型产业和发展高新技术产业结合起来。要提高我国劳动密集型产业在国际市场上的竞争力，关键是要投资于人力资本，大力发展教育事业，提高人口素质，推动低技术的劳动密集型产业向高技术的劳动密集型产业升级。

第四，产业结构要满足可持续发展的要求。可持续发展是指既满足当代人的需要，又不损害后代人满足其需求的能力的发展。即经济的发展必须保证资源的可持续利用，必须保证人类生存环境安全，实现可持续的产业结构。

（二）怎样防止和克服贫富悬殊、两极分化

中国还有几千万尚未脱贫的农村人口，现在不少国有企业经营困难，下岗人员增多，职工收入没有保证，城市贫困人口也在增加。有人

认为，随着市场经济的发展，中国阶层的分化可能进一步加剧。我们搞社会主义市场经济，必须克服贫富悬殊，防止两极分化。这是跨世纪经济发展的另一项重要任务。

改革开放使城乡居民收入增加很快。1978~1997 年，中国农村居民家庭人均纯收入从 133.6 元增长到 2090.1 元，扣除价格因素，年均增长 8.1%；城镇居民家庭人均可支配收入从 343.4 元增长到 5160.3 元，扣除价格因素，年均增长 6.2%。中国城乡居民的收入在满足了居民基本生活消费需要之后，尚有一定的结余，1996 年城乡居民人均年末储蓄存款余额为 3164 元，比 1978 年的 23 元增加了 136.6 倍。可以说，中国人千百年来梦寐以求的丰衣足食在一定程度上实现了。

然而，随着改革的深入，中国的收入分配越来越不均等。居民收入分配不平等也有多方面的表现。一是城乡收入差别。改革开放以前，中国城乡居民收入之间就存在着比较大的差距。改革以后，城乡收入差距曾在一定的时期内（1980~1983 年）有所改变，但是从 1984 年开始，城市居民收入差距又继续呈不断扩大之势。一般来说，世界上其他国家城乡之间的收入比率都不会超过 2，农村居民收入为城市收入的 66%或者更多一些（世界银行，1998 年）。1996 年，中国城乡居民收入之间的比率为 2.3，农村居民收入只有城市居民收入的 44%。二是地区收入差别。1985 年，中国内陆地区居民的收入占沿海居民的 75%，到 1995 年，则下降到 50%。三是不同所有制经济单位职工工资差别。1985~1996 年，国有经济单位和除城镇集体以外的其他经济单位职工平均工资之比由 1∶1.18 扩大到 1∶1.32。四是不同行业职工工资差别。中国工资最高行业的职工平均工资与工资最低行业的职工工资之比，1985 年为 1.81∶1，1994 年为 2.28∶1。五是不同社会群体收入差距。在私营企业中，雇主的收入一般是普通雇工的 10 倍以上，有的企业高达 100 倍以上。改革开放催生了一批百万富翁、千万富翁甚至亿万富翁。

仅从统计数据来看，我国居民收入的差距还没有大到社会无法容忍的地步。从国际比较来看，中国的收入不平等程度也不是全世界最高的。但是，如果深入分析收入差距形成的原因，就会发现有些问题必须引起高度的重视，如有些人因"巧取豪夺"而暴富，有些人因所在单位经营不善而陷入贫困。这是分配领域中存在的最大问题。

居民收入差距形成的原因是什么？根本原因是中国经济正处于转型过程之中。这种转型包括两方面的内容，一是从计划经济向市场经济转变，二是从农业经济为主向以工业经济为主转变。前者属于体制转型，而后者属于经济形态转型。体制转型使收入分配制度和收入分配方式发生了改变：①在所有制改革的推动下，非国有经济特别是私营和个体经济迅速发展，市场机制在工资水平的决定中起着越来越重要的作用。同时，资本收入和经营风险收入逐步成为个人收入的组成部分，其占居民收入的比重也越来越大。资本收入和经营风险收入的差别加剧了居民收入的不平等。②国有企业的改革，一方面把国有企业推向了市场，使国有企业在市场竞争的惊涛骇浪中寻求生存和发展之路，一些企业在竞争中发展壮大，而另外一些企业在竞争中逐步陷于亏损、停产或半停产、破产的境地，拉开了不同企业职工的工资水平；另一方面建立了内部激励制度，打破了企业内部的平均主义分配方式。③农村家庭联产承包责任制的普及，使居民的收入与农民的经营成果十分密切，经营得好坏拉开了农民的收入水平。

中国经济形态的转型一方面表现为产业结构的升级，另一方面表现为农业劳动力向非农产业转移。产业结构的升级引起了劳动力需求结构的变动，社会对高素质劳动者的需求加强，而对低素质劳动者的需求减弱。需求结构的变动，提高了劳动力市场上的技术人员的工资率，压低了劳动力市场上的非技术人员的工资率，产生了劳动者之间的工资差别。农业劳动力向非农产业的转移提高了农民收入的整体水平，但同时由于地区之间、农户之间劳动力转移的速度和程度上的差别，不同地区和不同农户之间的非农收入水平存在着明显的差异。

导致收入差距存在的还有一些不合理甚至是极端不合理的因素，主要包括：①国有资产流失，导致一些人的非法收入增加；②偷税漏税等非法活动屡禁不止，导致一些人的收入急骤增加；③要素流动的制度性障碍，导致收入分配的不平等。中国的劳动力市场和资本市场远没有成熟，劳动力和资本的流动还受到诸多的限制，制约着同质量的劳动者获得同等报酬的机会和不同企业、不同行业的公平竞争，固化了企业之间、行业之间的效益差别和居民之间的收入差别。在就业和个人发展机会方面，城市优于农村，大城市优于中小城市，但由于户籍制度的存在，劳动力的纵向流动困难重重。另外，由于资本市场不发达，资本流动受到种种限制，一些部门能够长时期地获得垄断利润。

收入不平等会对社会产生多方面的消极影响，从而妨碍中国社会经济的健康发展。有一份研究报告把这些消极影响概括为：

首先，贫困阶层的生活条件长期得不到改善有可能使他们丧失对生活和工作的兴趣，有可能使他们丧失接受良好教育的机会，进而有可能使他们的生活技能得不到提高，不得不长期依赖政府和社会的救济。

其次，"贫者愈贫，富者愈富"的局面有可能诱发贫困阶层对社会财富再分配的强烈期望。当他们的愿望得不到实现时，他们有可能采取非正当的手段达到他们的目的。这不利于社会的稳定，从而影响经济增长的持续性。

再次，财富的集中有可能导致一部分国民对财富的过度崇拜，使一些人通过一切手段、一切渠道（包括非法的）"发家致富"，从而导致社会秩序的紊乱，影响国家的长治久安。

最后，财富的过度集中有可能使人们产生对"社会主义的最终目的是实现'共同富裕'"的怀疑，动摇人们对社会主义的信仰。

怎样克服和防止贫富悬殊和两极分化，这是坚持社会主义方向的问题，也是一项艰巨复杂的系统工程，从根本上说是要努力发展生产力，改变经济落后的状况，这就要深化改革，建立和完善以公有制为主体，多种所有制经济共同发展的基本经济制度，同时要改善上层建筑，克服各种腐败现象。

要对今后我国居民收入分配趋势有一个正确认识。中国正处于社会主义初级阶段，即处于逐步摆脱不发达状态，基本实现社会主义现代化的历史阶段。这样的历史进程，至少需要一百年的时间。因此，从现在起到 2020 年，中国仍处于为共同富裕奠定基础的阶段，公平的实现还有待于效率的普遍提高。这一阶段，要在继续鼓励人们致富的同时，保障贫困人口的基本生活，并努力使居民实现均等的创造财富的机会。目前，中国居民在收入分配方面所深深抱怨的是一些人致富手段的不当，其实这是对机会不均等的抱怨，是对公共财富占有不平等的抱怨。为给经济持续增长提供一个稳定的社会政治环境，效率的提高要以公平分配公共财富的占有权和支配权为前提，应该尽快实现人们在利益和权利分配方面的公平，努力贯彻机会均等、规则平等的原则。

同时也要十分重视收入分配政策的作用。收入分配政策是合理的收入分配关系形成的前提条件。收入分配政策包括收入初次分配政策和收入再分配政策。收入初次分配政策对宏观经济总量关系会产生非常重要的影响。收入再分配政策，如税收调节政策，则能起到调节收入分配的作用。它也会对经济总量产生间接的影响。

还要建立适合国情的社会保障制度和社会福利计划。完善的社会保障制度和社会福利计划是现代社会收入再分配借以进行的条件之一，也是文明社会的标志之一。西方发达国家一般都有比较完善的社会保障制度和社会福利计划。中国作为一个不发达的大国，作为一个社会主义国家，现阶段它的政府所承担的社会保障和社会福利责任显然不能过大，但应以之为目标。在现阶段，中国政府需要特别保护的是中国农民和中国城市中的贫困阶层。

此外，还要努力增加就业机会，逐步根除劳动力转移的制度性障碍。

（三）中国所有制结构的变动趋势

所有制结构问题是基本经济制度问题，现在也争论甚多。我国所有制结构应该如何发展，将会如何发展，是很值得研究的问题。有关部门的一份研究报告分析了改革以来我国所有制结构变化的情况，对研究我国所有制变化趋势很有参考价值。下面是该报告的主要内容：

从1978年到现在，我国所有制结构发生了巨大的变化。

1978年，在国内生产总值3624亿元中，公有制经济为3434亿元，非公有制经济为190亿元，分别占94.7%和5.3%。在公有制经济中，国有经济为2092亿元，集体经济为1342亿元，分别占总量的57.7%和37%。

"六五"时期，由于家庭联产承包责任制、发展乡镇企业等一系列农村经济体制改革获得了突破性进展，也由于城市经济体制改革开始全面铺开，我国所有制结构由此发生了明显变化：国有经济比重开始下降，集体和非公有制经济比重出现上升趋势。1985年，在国内生产总值8964亿元中，公有制经济达7920亿元，非公有制经济为1044亿元，分别占总量的 88.4% 和 11.6%，公有制占绝对优势的格局有所突破。在公有制经济中，国有经济增加值为 4288 亿元，集体经济为 3632 亿元，分别占总量的 47.8% 和 40.5%。从 1985 年到 1990 年的六年间，非公有制经济增加值所占比重由 11.6% 上升到 13.1%，只上升了 1.5 个百分点。1980~1985 年，该比重由 6.8% 上升到 11.6%，上升了 4.8 个百分点。在公有制经济内部，国有经济和集体经济所占比重也出现了逆反的变化，国有经济所占比重由 1980 年的 57.7% 降为 1985 年的 47.8%，1985~1990年则出现上升趋势（由 47.8% 升为 48.6%）；集体经济所占比重由 1980年的 35.5% 升至 1985 年的 40.5%，1985~1990 年则变为下降趋势（由40.5% 降为 38.2%）。

90 年代尤其是 1992 年以来，以邓小平同志南方谈话为标志，我国经济体制改革和国民经济发展进入了一个新的历史阶段。私营企业注册资金由于在 1989~1990 年几乎没有增加，在 1991~1995 年的五年间，增加了大约 20 倍，达到 2400 多亿元。与此同时，个体、联营、"三资"、股份制、港澳台投资等多种所有制形式快速发展，共同构成了我国非公有制经济比重迅速上升的因素。测算资料表明，在 1995 年实现的国内生产总值 58478 亿元中，非公有制经济实现 12988 亿元，所占比重达到22.2%，比 1990 年提高了 9.1 个百分点。公有制经济实现 45490 亿元，所占比重为 77.8%，比 1990 年下降了 9.1 个百分点。在公有制经济中，国有经济比重下降较多，由 1990 年的 48.6% 下降为 1995 年的 38%，而集体经济比重则略有上升，由 1990 年的 38.2% 上升为 1995 年的 39.8%。

1997 年，党的十五大在所有制理论方面又有新突破。1995~1997 年公有制经济增加值在 GDP 中所占比重继续缓慢下降，由 77.8% 下降为75.8%。非公有制经济比重又有所上升，由 22.2% 上升为 24.2%。在公有制经济中，由于混合所有制经济中国有成分的扩大，国有经济的比重还略有上升，由 1995 年的 38% 上升为 1997 年的 41.9%。

以上事实表明，改革开放的前二十年是中国所有制结构变化最为剧烈的时期之一。在这一过程中，结构变化的主流是好的，是合理的。但另外，又有不少问题和矛盾，有待于通过深化改革来解决。

我国所有制结构变化的合理性主要表现在以下几个方面：

（1）所有制结构多元化是市场经济发展的必然要求，符合客观经济规律。

（2）所有制结构变化没有动摇公有制经济的主体地位。经测算，到 1997 年，我国公有制所占比重为 75.8%，这一比重虽比改革初期（1978 年）低 18.9 个百分点，但仍显著高于 50%，占优势地位。国有经济仍是国民经济最重要的组成部分，在许多重要产业领域仍占绝对优势。在公有制经济中，集体经济起着十分重要的作用。80 年代，城市各种集体性的劳动服务企业的兴旺和农村乡镇企业的"异军突起"曾一度使集体经济比重有所提高（由 1978 年的 37% 上升为 1990 年的 38.2%）。进入 90 年代，虽然集体经济比重有所回落，但仍占 1/3 以上，有力地支撑了公有制的主体地位。尽管比重下降较多，但国有经济在部分行业，如具有垄断性的基础产业部门（城市供水、供电、煤气、民航、铁路、邮电通信等）、教育科研、医疗卫生、国防、金融保险部门以及其他关乎国民经济命脉的重要部门要害领域，仍具有绝对优势和较强的控制力。

（3）国有经济比重下降有其必然性。由于相当一部分国有企业机制适应不了变化了的市场经济，它们不得不进行调整，或者退出，或者转变为非国有企业。1978 年，国有独立核算工业企业的净利润是 508 亿元，1996 年，净利润只有 400 多亿元。如果考虑到通货膨胀的因素，净利润下降幅度更大。国有企业经济效益低下，迫使其收缩过长的战线，缩小摊子，降低比重。

（4）竞争性行业退出的国有经济多于其他行业。按照国有经济自身的性质和特点，国有经济应该集中于那些影响经济发展全局的、非国有企业办不好或办不了的，因此必须由国家来兴办的那些事业上。例如，关系国家安全的行业；大型的基础设施建设，包括城市基础设施、运输骨干设施、大江大河的治理和国防建设项目；特大型不可再生资源的开发；对国家长期发展有战略意义的高技术开发等。在竞争性行业上，国有经济的优势不如非国有经济，这是由国有经济的管理体制所决定的。统计资料表明，改革开放以来，我国竞争性行业的国有经济比重迅速下降，比如，批发零售贸易餐饮业的国有经济比重由1978年的54.6%下降到1997年的27.5%。这一变化趋势符合市场经济要求。

（5）非公有制经济迅速发展，成为促进国民经济持续健康发展的重要力量。分行业看，非公有制经济实现增加值比重最高的是批发零售贸易、餐饮业，达到53.8%；其次是农林牧渔业和工业，分别为27.5%和21.2%，比重最低的是交通运输和邮电通信业，比重也超过10%。

从建立社会主义市场经济体制的要求衡量，所有制结构中的问题仍然不少。

第一，国有经济总体来讲与发展社会主义市场经济的要求还很不适应。表现在：一是投入与产出不成比例。从投入方面看，国有单位的投资在固定资产总投资中始终占60%以上，"六五"期间为66%，"七五"期间为63%，"八五"期间为67%。而且，银行贷款的大部分也集中在国有企业，据统计，70%~80%的银行流动资金贷款拨给了国有企业。财政补贴更是向国有企业倾斜，每年财政向国有企业支付的补贴达400多亿元。然而，大量的投入并没有得到相应的产出回报。从反映产出的增加值份额看，国有经济对GDP的贡献率只有40%左右，与其投入很不对称。二是国有企业平均规模很小。不足3万亿元的国有资本分散在

29.1 万户工商企业中，换句话说，平均每家企业所得到的国有资本数量只有 1000 万元左右。这个情况从第三次工业普查的数据中也能反映出来，企业的平均国有资本拥有量是 1000 多万元，大、中、小企业略有差别，小企业中的国有资本非常少，只有 200 万元左右。

第二，发展非国有经济的政策还不够明确，积极鼓励的措施不多。改革开放以来，虽然非国有经济发展很快，但在许多领域，特别是竞争性领域起到了对国有经济补位的作用。然而，在发展非国有经济的问题上，许多重大政策没有起到鼓励发展的效果。例如，在金融保险行业，国家允许外国人部分介入，但却不允许国内私人从事金融保险业务。在银行信贷方面，由于政府的干预，信贷资金明显向国有经济倾斜，而非国有经济要通过迂回渠道以较高融资成本获得银行贷款。在其他业务方面也是如此，比如，对外商的政策比较宽，而对国内非国有法人却很严。由于不同所有制的政策上存在差别，其结果在一定程度上阻碍了非国有经济的快速健康发展。

这份报告还研究了今后如何坚持以公有制为主体，多种所有制经济共同发展的问题，包括如何确定各种所有制经济在国民经济中所占比例的问题。报告的意见是：

（1）范围决定比例。各种所有制经济的比例，主要是通过对各自发展范围的限定和调节来形成的。这是因为，在某些领域，政策上只允许一种或某几种所有制经济的发展，有时，还对其发展程度作明确限制。各种所有制经济的发展范围一旦确定了，其比例结构也就大致确定了。因此，在范围和比例的问题上，范围是第一位的，范围决定比例。

（2）不同发展阶段要求不同的所有制结构比例。所有制比例关系应服从于经济发展的需要，这是生产力决定生产关系的基本准则。我国处于社会主义的初级阶段，由于历史原因，公有制经济比例一直很高，这种结构不利于生产效率和经济效益的提高。因此，现阶段有必要进一步降低公有制经济的比重，适当发展城乡个体经济和私营经济，以增强经济的活力，提高市场化程度。

（3）公有制经济比例应保持在50%以上。党的十五大报告明确指出，"公有制的主体地位主要体现在：公有资产在社会总资产中占优势"，此处的优势，如果量化的话，就是在社会总资产中，公有资产占50%以上。但50%只是就总量而言，它不排斥非公有制经济在某些行业、某些地区占有优势，甚至绝对优势。在第三产业中的许多领域，非公有制经济有明显的经营优势，竞争的结果必然使其在这些领域和行业所占的比重越来越大，逐步赶上和超过公有制经济。无论是限制它们在这些行业中的经营优势，还是限制它们在这些行业中的发展比例，都不利于经济发展。

（4）国有经济比例应适当调低。党的十五大报告界定了国有经济的性质和角色，这就是"国有经济起主导作用，主要体现在控制力上"。"只要坚持公有制为主体，国家控制国民经济命脉，国有经济的控制力和竞争力得到增强，在这个前提下，国有经济比重减少一些，不会影响我国的社会主义性质。"鉴于我国国有经济过于分散，竞争性行业的国有企业太多，中小规模的国有企业太多，有必要对其做出力度较大的调整。目标是压缩竞争性国有企业和中小型国有企业，通过资本重组，把有限的国有资产用于国民经济的命脉上。

（本文写于1998年）

五、"十二五"规划要以转变经济发展方式为主线

(一)"十二五"规划要以转变经济发展方式为主线

以转变经济发展方式为主线的理由是:第一,这是适应后危机时代国际经济形势的需要,因为不可能再走中国生产美国消费的路子,出口不可能像以前那么旺盛。第二,这是我国经济全面协调可持续发展的需要。第三,有连续性,易于理解和贯彻。在很长一段时间内宣传科学发展观,这是一个很好的条件。转变经济发展方式包含要解决面临的一些突出问题,如居民收入差距过于扩大、社会保障制度建设滞后、资源能源消耗过度、环境污染严重、群体事件频发等问题。第四,可以带动社会发展方式、政治发展方式、文化发展方式的转变。现在不仅经济发展方式需要转变,社会、政治、文化发展方式都存在转变的问题。有人认为提转变发展方式比提转变经济发展模式更好,有一定道理。但我认为,不要隔一段时期就提一个新口号,在口号上做文章,转变经济发展方式应该是长时期的主要任务。

现在国内外都有人主张中国要以消费为主导,建立一个消费大国。现在消费率过低,针对这个情况,强调消费,提高消费率,是必要的。主张以消费为主导则要考虑几个问题:一是生产和消费的关系,不生产

就不可能消费。二是我们现在还是发展中国家，没有条件像发达国家那样实行高消费。三是即使我们生产发达之后，也不应建设像欧美那样的消费社会。四是党的十七大提出依靠消费、投资、出口协调拉动经济增长这个提法，比较科学、灵活。从人口角度来讲我们已经是消费大国，但是高消费还做不到。只能是一个小康水平。

转变经济发展方式内容广泛，各个地区、各个行业都要根据实际情况，根据需要和可能抓住重点，不要互相攀比，更不要搞运动。

（二）正确处理经济增长数量和质量的关系

"十一五"时期转变经济发展方式取得了一些成绩，但是成效并不明显，我觉得重要原因就是重视经济增长速度，忽视经济增长质量。在生产力很落后的情况下，追求经济发展速度是可以理解的，也是应该的，但是在现在情况下就要注意质量，要"好"字当头，以"好"为前提，"快"服从"好"，"好"中求"快"，否则不可能持续较高增长。我认为"十二五"时期不要提出比8%更高的速度，2009年是"保八"，"十二五"时期就不要再提这个8%了。如果我们十年翻一番，有这样一个速度，只要转变经济发展方式，收入公平分配和扩大就业都可以得到比较好的解决。现在我们扩大内需，尤其是扩大消费需求，是为了国民经济全面协调可持续发展，不是为了追求特别高的速度。盲目追求高速度，是一个痼疾。不克服这个痼疾，难以顺利转变经济发展方式。

（三）加快城市化要研究和遵循客观规律

城市化是我国现代化的重要内容，也是解决"三农"问题的前提条件和重要举措，因此，需要加快城市化的步伐。但是，加快城市化，一定要按照客观规律办事，包括经济规律、自然规律。我认为加快城市化要考虑这样几个问题：一是城市化和工业化与经济发展的关系。如果城市化脱离了经济发展，城市化也难健康发展。二是加快城市化需要什么条件？我认为解决就业问题是加快城市化的一个重要条件，人都到城里来了，就业问题不解决就麻烦了。三是加快城市化会带来一些什么问题？我看到一个材料，一位美国教授说美国城市化是因为发展汽车带来的，产生了很多问题，如巨大的能源消费、汽车排放比世界平均多得多，原油2/3需要进口，交通拥堵。有位专家讲过这样一句话，中国如果一家一辆汽车，将是一场巨大灾难。城市化还会带来其他许多问题，加快城市化要研究如何解决这些问题。

加快城市化绝不能放松新农村建设。我在一份有影响力的报纸上面看到一篇文章，题目叫作《推进城镇化就是加快社会主义新农村建设》，似乎城市化就可以解决"三农"问题了。我认为，加快城市化是新农村建设重要的条件和前提，但是不能代替新农村建设。一定要破除轻视农业、农村、农民的看法，农业始终是国民经济的基础。推进城市化不是要消灭农业、农村、农民，而是要为建设新农村创造条件，而且建设新农村的主体是农民，我们要想方设法让人们既热爱城市，也热爱农村，不能把推进城市化和建设新农村分割开来和对立起来。吸取国内外的经验教训，推进城市化要稳中求进。中国的农村和农业也是有扩大产业和增加就业潜力的。我国农业有精耕细作的传统，在农业现代化过程中，产前、产中、产后都有增加就业的机会。同建设新农村和发展现代农业相联系，许多服务也需要发展，也一定可以发展起来。农民也应该和可以通过培训等渠道来增加自己的人力资本。现在都提人力资本，我觉得增加农民人力资本来扩大就业、提高收入，也应该是我们考虑的一个重要问题。在建设新农村发展现代化农业过程中，要发扬我国农业精耕细作的传统，向生产的广度、深度进军，这是增加农民收入、缩小城乡差距的一个重要途径。总之，一定要把加快城市化和建设新农村统一起来。

（四）完善社会主义市场经济体制，防止社会主义市场经济蜕变为官僚资本主义市场经济

中国还有很多改革任务需要完成，"十二五"时期要把深化改革作为一项重要任务。必须深化改革，社会主义市场经济才能完善。我们也要注意这样一个问题，就是防止社会主义市场经济蜕化变质为官僚资本主义市场经济。大家说我们要好的市场经济不要坏的市场经济，我认为，社会主义市场经济就应该是好的市场经济，坏的市场经济就可能不是社会主义市场经济，已经变质了。当然，社会主义市场经济有一个探索和发展的过程，但是这里要保持一个底线，使得我们的市场经济是社会主义市场经济，不是非社会主义市场经济。社会主义市场经济和资本主义市场经济有共同的方面，我们要学习资本主义市场经济的经验。但是，有一个问题要研究，是不是资本主义市场经济所有的做法和措施我们都要学？怎样发挥市场经济的积极作用，防止它的消极作用，促进我们的社会主义建设？应该看到，社会主义市场经济没有蜕化为资本主义市场经济的必然性，但是有可能性。由于权钱结合，超经济力量和金钱结合，如果不深化改革，遏制克服这种结合，社会主义市场经济就可能

蜕变为官僚资本主义市场经济，变成坏的市场经济。怎么防止社会主义市场经济蜕变为官僚资本主义市场经济，是我们要注意研究和解决的问题。

（本文写于 2010 年 4 月 24 日，是作者在中国宏观经济学会讨论会上的发言，部分内容载于《中国宏观经济学会通讯》2010 年第 19 期（2010 年 8 月 23 日））

第二部分

转变经济发展方式要求转变发展观念

一、加快经济发展方式的转变

党的十七大报告中明确提出：要继续努力奋斗，确保 2020 年实现全面建设小康社会的奋斗目标。为了实现这个目标，首要的任务是转变经济发展方式，实现经济又好又快发展。未来十年，我们必须加快经济发展方式的转变。本文拟就这个问题谈点看法。

（一）转变经济发展方式面临的艰巨任务

2006 年全国人大通过的"十一五"规划，针对发展中的突出矛盾和问题，提出了经济增长和经济发展方式转变的目标和任务。2008 年面对世界经济危机的冲击，党中央、国务院又提出了一系列"保增长、扩内需、调结构、惠民生"的政策措施。最近有关部门对"十一五"规划实施进行中期评估，发现经济增长的目标是超额完成的，而转变经济增长方式的有些重要任务则未能完成。国务院《关于"十一五"规划〈纲要〉实施中期情况的报告》中，研究和概括了各单位的评估意见，认为当前经济社会发展中面临着以下四个方面的突出问题：[①]

（1）经济结构性矛盾仍然突出。从需求结构看，内需与外需、投资与消费的结构失衡，经济增长过于依赖投资和出口拉动的局面没有得到

---

① 朱之鑫."十一五"规划实施中期评估报告 [M].北京：中国人口出版社，2009.

根本扭转。2007 年投资率仍高达 42% 以上，消费率进一步降至 48.8%，外贸依存度高达66% 以上。从产业结构看，工业增速过高，服务业发展滞后，农业基础薄弱，经济增长主要依赖工业带动的局面没有得到根本扭转。2006~2007 年两年，工业增速都在 13% 左右，占国内生产总值的比重由 2005 年的 42.2% 提高到 2007 年的 43%。其中，重化工业占工业增加值的比重由 69% 提高到 70.6%。服务业增加值比重和服务业就业比重均未达到预期要求。从要素投入结构看，科技进步、劳动者素质提高、管理创新、就业比重的贡献不够，经济增长主要依靠物质资源和简单劳动投入带动的局面没有得到根本扭转。

（2）资源环境压力不断加大。随着经济总量扩大，能源、淡水、土地、矿产等战略性资源不足的矛盾越来越尖锐，长期形成的高投入、高污染、低产业、低效益的状况仍未根本改变，水质、大气、土壤等污染严重，生态环境问题突出。由于高耗能、高排放行业增长较快，节能准入和落后产能退出机制尚未完全建立，降低能源资源消耗和减少主要污染物排放的形势更加严峻，完成节能减排任务相当艰巨。

（3）重点领域和关键环节改革还不到位。改革处于攻坚阶段，一些深层次体制机制问题还未得到根本解决。主要是政府职能转变还不到位，公共服务和社会管理比较薄弱；垄断行业改革总体推进缓慢，竞争性市场格局尚未形成；资源要素价格改革进展不快，资源利用效率总体偏低；财税金融体制改革有待深化，不能满足实现基本公共服务均等化的需要，难以提升金融业竞争力和服务水平。收入分配、社会保障、医疗卫生等社会领域改革也需要进一步加快。

（4）社会建设仍存在不少矛盾和问题。主要表现为就业形势严峻，劳动力供需总量矛盾和结构性矛盾突出，收入分配不合理，分配秩序不规范，城乡收入差距、行业收入差距过大；社会保障制度不完善，基本养老保险统筹层次低，社会保险关系转移接续难，做实个人账户进展缓慢；推进基本公共服务均等化的机制有待完善，城乡间、区域间公共服务水平差距较大；生产安全和食品安全事件时有发生。

中国社会科学院课题组发布的《我国"十一五"规划实施三年（2006~2008 年）情况分析报告》中也指出，我国当前经济社会发展面临的主要问题有：经济发展方式亟待转变，经济结构矛盾仍然突出；能耗降低目标实现困难，资源环境压力不断增大；体制机制改革有待深入，和谐社会建设任重道远。①

以上这些权威报告揭示的问题说明，未来十年我国面临的转变经济发展方式的任务是十分艰巨的。经济发展方式包括多方面的内容，除了包括经济增长方式的内容外，还包括产业结构、收入分配、居民生活以及城乡结构、区域结构、资源状况、生态环境等方面的内容。诸如投资和消费、内需和外需、生产和消费、节约资源、保护环境、收入分配等方面的问题，都是转变经济发展方式需要研究解决的。我曾说经济发展方式是包括生产、分配、交换和消费等环节的一个大系统。经济发展又是和社会发展、政治发展、文化发展联系着的，是广义发展方式的一个组成部分。要从生产力、生产关系、上层建筑等多重角度认识经济发展方式，认识和把握影响经济发展方式转变的复杂因素。转变经济发展方式既要求从粗放型增长转变为集约型增长，又要求从不全面、不协调、不可持续的增长转变为全面、协调、可持续的增长。转变经济发展方式之所以艰巨，除了由于它包含的很多任务本身就非常复杂艰难，还由于它是一个宏大复杂的系统工程。对于我国转变经济发展方式的重要意义和艰巨性，我们要有足够的认识。

---

① 中国社会科学院经济学部. 中国经济研究报告（第 110 期）[R]. 2009-09-18.

（二）转变经济发展方式要求转变发展观念

改革开放以来，我们党一直十分重视经济发展方式问题。党的十二大提出，把全部经济工作转到以提高经济效益为中心的轨道上来。党的十三大提出，经济发展要从粗放经营为主逐步转上集约经营为主的轨道。党的十四届五中全会提出，要实现经济体制和经济增长方式的两个根本转变。党的十五大把完善分配结构和分配方式、调整和优化产业结构、不断改善人民生活作为经济发展的重要内容。党的十六大强调要走新型工业化道路、大力实施科教兴国战略和可持续发展战略。党的十七大明确提出转变经济发展方式，认为这是关系经济全局紧迫而重大的战略任务。那么为什么转变经济发展方式的许多任务总是完不成甚至转变不过来呢？

有些同志认为，这是由于对粗放增长方式的弊端揭露得不够，没有揭到痛处，因此它还有市场，还令人留恋。他们提出转变经济增长方式首先要转变发展观念。我认为这些同志的意见是有根据的。不过，据我所知，改革开放之初，对于传统的经济增长方式的由来及其弊端，我国经济界和理论界进行过认真的调查研究和深刻的揭露。这就是国务院财政经济委员会于 1979 年 6 月到 1980 年 5 月组织全国 400 余名从事实际工作的同志和 200 余名从事理论工作的同志对中国 30 年经济结构的调研工作，其成果是马洪、孙尚清主编的《中国经济结构问题研究》（人民出版社，1981 年）。但是事过境迁，现在很多年轻同志或者没有经历过或者根本不知道过去这段历史，不了解传统经济发展方式的种种严重后果。所以，现在揭露历史上经济增长方式的弊端，对于转变发展观念，转变经济发展方式，仍是非常必要的。

《中国经济结构问题研究》对于新中国成立后 30 年经济结构的演变做了全面的分析研究，指出 30 年来经济结构发展取得了很大成绩，也积累了很多问题。主要问题有：①农轻重关系严重失调；②能源供应紧张；③运输和生产发展不相适应；④流通和生产发展不相适应；⑤积累和消费的比例关系失调；⑥三线建设遗留问题很多。经济结构不合理的后果是：阻碍社会再生产的进行，导致经济效果下降，阻碍人民生活水平的提高，妨碍改革经济管理体制。该书分析了导致当时经济结构不合理的原因，认为首先就是盲目追求高速度。书的前言中指出："从 1958 年开始，我们不断盲目追求高速度，违背国民经济按比例发展和综合平衡的要求。过去曾经流行过一种说法，认为比例应该服从速度，把不切实际的指标一概称之为马列主义，把合乎实际的指标一概斥之为右倾机会主义或修正主义，把综合平衡当成消极平衡批判，把对综合平衡的破坏当成积极平衡来提倡。事实已经充分说明这些观点是完全错误的。"

盲目追求高速度就是传统发展观念的核心，我们说要转变发展观念，首先就是要转变盲目追求高速度的观念。现在的情况和改革前已有很大不同。经过改革开放，计划经济已转变为社会主义市场经济，经济科学也发展了，过去着重讨论速度和比例的关系，现在发展为讨论经济增长和经济结构的关系。过去追求发展速度主要表现为追求总产值，现在主要表现为追求 GDP。不过，在经济上盲目追求高速度必然会带来种种恶果，这一点是相同的。总结新中国成立60年的经验教训，我们完全有根据说：现在如果不顾客观条件，继续盲目追求高速度，一不利于产业结构优化升级，二不利于节约资源保护环境，三不利于建立社会主义福利制度，四不利于深化经济体制改革，五不利于建立科学的干部考核制度，六不利于政府职能转变。这样也就难以顺利推进经济增长方式转变。所以，转变发展观念，克服盲目追求高速度，确实是转变经济发方式极其重要的条件。

现在已经具备了转变发展观念的有利条件，最有利的条件是党中央提出了科学发展观。党的十七大对科学发展观的内涵、要义、核心、基本要求和根本方法作了全面的阐述，我们转变发展观念就是要把一切不符合科学发展观的观念，转变为符合科学发展观的观念，并把它贯彻落实在实践中。

树立和贯彻科学发展观，还会遇到一些思想理论问题，需要多做调查研究工作，开展讨论，加以解决。例如，有一种观点认为，经济发展速度快才能解决就业问题，我国面临严峻的就业形势，速度越快越好。我认为，解决就业问题确实需要一定的发展速度，但是就业多少不仅取决于速度快慢，还取决于产业结构、技术结构、企业规模结构和有关的各种政策。以解决就业问题为理由追求过高的速度，不一定能够解决就业问题，却会带来种种恶果，最终也不利于就业问题的解决。还有一种观点认为，速度快使生产增加了，才能实现公平分配。事实上，生产和分配既有联系也有区别，生产发展使蛋糕增大，可能有利于公平分配，但并不会自动导致公平分配，而我国近十多年来的情况是，生产发展了，各种收入差距反而不合理地更加扩大了。所以这个观点也不能成为追求过高速度的理由。再有一种观点认为，经济发展不要担忧资源短缺，只要价格由市场机制即由竞争决定，资源问题就能够解决。我认为，现在我国资源价格定价机制不合理，这是导致资源供给和使用问题的重要原因，价格机制和定价的合理化会有助于解决资源问题。但是，不能认为可以不顾资源供给状况确定发展速度。地球上的很多自然资源确实是有限的，即使科技进步可以找到有些资源的替代品，也有一个时间接续的问题。何况有些资源不一定会进入市场。最后一种观点认为，先污染后治理是经济发展规律。从历史上看，很多经济发达国家和发展中国家在经济发展中确实走的是"先污染后治理"的道路，但现在我们不能再走这条道路了。因为这条道路代价太大，而且全地球的生态环境已到了恶化的顶点，不容许再增加污染了。这条道路不仅对不起子孙后代，也使当代人受困于污染的环境，甚至使他们喝不到干净的水、呼吸不到清新的空气，从而难以有幸福的生活。这个观点可能使人们为了经济发展快而忽视保护生态环境，因而也有片面性。我们要以科学发展观为指导，对这些观点进行研究讨论，辨明是非，克服各种片面性。这对于转变发展观念也是很有必要的。

（三）转变经济发展方式要求深化改革

加快转变经济发展方式要求继续深化改革，这样才能奠定牢固的制度基础，不仅要求深化经济体制改革，而且要求深化政治体制、文化体制、社会体制等方面的改革。实现现代化需要全面推进经济建设、政治建设、文化建设、社会建设。这四个建设都有改革的问题，也都有转变发展方式的问题，可以统称为转变发展方式。转变经济发展方式是转变发展方式的一个方面。因此，党的十七大强调："要把改革创新精神贯彻到治国理政各个环节，毫不动摇地坚持改革方向，提高改革决策的科学性，增强改革措施的协调性。"

（1）完善社会主义市场经济体制。现在我国社会主义市场经济体制还不完善，未来十年要建成比较完善的社会主义市场经济体制。要深化对社会主义市场经济规律的认识，从制度上更好地发挥市场在资源配置中的基础性作用，形成有利于科学发展的宏观调控体系。要坚持和完善公有制为主体、多种所有制经济共同发展的基本经济制度，毫不动摇地巩固和发展公有制经济，毫不动摇地鼓励、支持、引导非公有制经济发展。要依据邓小平同志倡导的"三个有利于"标准处理所有制问题。公有制并非就是社会主义，即使在社会主义社会里，公有制经济也未必一定是社会主义性质，符合"三个有利于"标准的公有制才是真正的社会主义公有制。私有制经济按照"三个有利于"标准办事，这种私有制经济的发展并不会影响我国社会的社会主义性质，不会使社会变"资"了。要坚持平等保护物权，形成各种所有制经济平等竞争、相互促进的新格局。现在地方保护主义、市场分割的现象还比较严重，要改变这种状况，十年内形成统一开放、竞争有序的现代市场体系，发展各类生产要素市场，形成能够完善反映市场供求关系、资源稀缺程度、环境损害成本的生产要素和资源价格形成机制。还要看到，社会主义和市场经济必须结合，也可能结合，但社会主义和市场经济之间也存在矛盾，要从体制、机制、政策等方面，注意正确解决它们的矛盾。

（2）继续深化国有企业改革。我国国有企业改革尚未完成，必须继续进行改革，在未来十年基本完成国有企业改革的任务。要深化国有企业公司制、股份制改革，健全现代企业制度，完善法人治理结构，优化国有经济布局和结构。要尽快改变垄断行业国有企业改革滞缓的状况，着力研究和深化垄断行业改革。有的垄断行业也要引入竞争机制，要降低进入门槛，鼓励非国有经济成分进入，把行政性垄断行业改造成为竞争性行业。应该取消国家对垄断行业的某些特权，政府不应该对它们进行特殊照顾，它们的垄断利润应该上交给国家，用之于社会，使全民受益。有条件的垄断行业企业也要自主经营、自负盈亏，自我发展、自我约束，负起应负的责任包括应负的社会责任。要加强政府监管和社会监督，防止垄断行业成为阻碍改革和社会进步的既得利益集团。建成国有资本经营预算制度和相当完善的各类国有资产管理体制和制度。还要积极推进集体企业改革，发展多种形式的集体经济、合作经济，促进个体、私营经济和中小企业发展。

（3）深化分配制度改革。现在我国收入分配中存在的主要问题是：居民收入差距继续扩大，分配秩序相当混乱，社会保障体系很不完善。未来十年要积极采取有效措施，遏制居民收入扩大的趋势，规范和完善个人收入分配秩序，建立覆盖全体城乡居民的社会保障体系。要坚持和完善按劳分配为主体、多种分配方式并存的分配制度，健全劳动、资本、技术、管理等生产要素按贡献参与的分配制度，初次分配和再分配都要处理好效率和公平的关系，再分配更加注重公平。提高居民收入在国民收入分配中的比重，提高劳动报酬在初次分配中的比重。着力提高低收入者收入，逐步扩大中等收入者比重，有效调节过高收入。社会保障是社会安定的重要保证，近年来政府做了很多工作，但距离建立覆盖全体城乡居民的较高水平的社会保障体系，保障人民基本生活，还有相当大的差距，需要继续努力。增加居民收入和合理分配收入都要求扩大就业，因此要继续实施扩大就业的发展战略，促进以创业带动就业，并在制度上保证扩大就业战略的顺利实施。要健全面向全体劳动者的职业教育培训制度，建立统一规范的人力资源市场，形成城乡劳动者平等就业制度，完善面向困难群众的就业援助制度，做好高校毕业生就业工作。

（4）建立和完善有利于节约资源能源、保护生态环境的体制、机制。转变经济发展方式必须处理好经济发展、资源利用、环境保护三者之间的关系，把经济发展控制在资源和环境承受能力之内，解决好资源有限和环境容量对经济发展的制约问题，确保资源环境能够持续地为人类利用，造福人民。当务之急是建立能够反映市场供求关系、资源稀缺程度以及环境治理等外部成本的资源类产品的价格体系及其形成机制，建立有利于资源综合利用、循环利用及废物回收利用的税收、信贷和补贴制度，硬化资源对投资者、经营者和消费者的约束。资源领域要完善自然资源有偿开采、有偿使用制度，环境领域要全面实施污染物排放总量控制、污染物有偿排放和排放权交易制度。面对低碳经济发展，未来十年还要建立起适应和促进其健康发展的体制机制。

（5）倡导符合小康社会的消费方式。经济发展最终是由消费决定的。现在中国是消费不足和消费过度并存。全国还有几千万人没有摆脱贫困，几亿人还不富足，消费不足是主要问题。但是也存在过度消费、不健康消费、有害消费等现象。我国似乎已存在一种向欧美高消费学习和看齐的趋向，这不符合中国的现实情况，也不符合未来发展的要求。需要研究消费观念、消费方式等问题，倡导符合小康社会的消费观念，建立和推广富足、健康、幸福、可持续的消费方式。

（6）积极稳妥地深化政治体制改革。政治体制改革是我国全面改革的重要组成部分，必须随着经济社会发展而不断深化，与人民政治参与积极性不高相适应。和经济体制改革的要求相比，我国政治体制改革是滞后的，这不仅影响了我国政治文明建设，在一些方面延缓了经济体制改革的进程，而且是改革开放以来权钱交易、官商勾结、寻租、腐败等现象频发的一个重要原因。党的十七大规定了 2020 年实现全面建成小康社会在政治建设方面的奋斗目标。这就是：扩大社会主义民主，更好地保障人民权益和社会公平正义；公民政治参与有序扩大；依法治国基本方略深入落实，全社会法治观念进一步增强，法治政府建设取得新成效；基层民主制度更加完善；政府提供基本公共服务能力显著增强。这也就是未来十年我国政治体制改革的任务。党的十七大还从扩大人民民主、发展基层民主、加快建设社会主义法治国家、建设服务型政府、完善制约和监督机制等方面，对发展社会主义民主政治提出了全面系统的要求和措施。当前应该着力加快行政管理体制改革，建设服务型政府。要加快推进政企分开、政资分开、政事分开、政府与市场中介组织分开，切实转变政府职能，理顺中央和地方政府的关系。也要认识到行政管理体制改革只是政治体制改革的一个方面，不能用行政管理体制改革取代政治体制改革。不积极进行政治体制改革，行政管理体制改革也是搞不好的，也很难实现经济发展方式的根本转变。现在经济学界研究转变经济发展方式似乎有一种规避政治体制改革的现象，而政治经济学研究经济问题是不能脱离政治也离不开政治的，这也正是政治经济学的长处，马克思主义政治经济学更不能脱离政治研究经济问题。政治体制改革是艰难和有风险的，而且会遇到阻力，尤其是有些既得利益阶层的阻力。但正如党的十七大所说："人民民主是社会主义的生命。发展社会主义民主政治是我们党始终不渝的奋斗目标。"我们必须下定决心，克服困难，积极稳妥地进行政治体制改革，完成全面建设小康社会在政治建设方面的奋斗目标。这也是加快转变经济发展方式的要求和条件。

（原载《新视野》2010 年第 3 期）

二、宁可慢些，但要好些

——关于正确处理当前经济发展中几对关系的认识

中国经济发展存在不平衡、不协调、不可持续等问题。为了解决这些问题，做到以人为本，需要平衡、协调、可持续发展，也要克服盲目追求高速度的倾向。

（一）2010 年的经济工作应当在"好"字上多下功夫，不要追求过快的速度

对 2010 年经济发展速度有多种估计，我看到几种乐观的估计。一种认为增长 8%，另一种认为增长 9%，还有一种认为增长 10%和 10%以上。我建议不要提出比 2009 年"保八"更快的速度要求。理由为下：

（1）2009 年"保八"，成绩很大，问题也不少。要重视这些问题，花精力解决这些问题，至少不要再加剧问题。

（2）国务院对"十一五"规划执行情况组织中期评估，结论是速度指标完成了，但是经济结构矛盾突出，资源环境压力加大，重点领域和关键环节改革不到位，社会建设存在不少问题。这些问题要花时间和资源着力解决。

（3）历史经验是：速度过快，必然产生种种消极后果，不利于产业结构优化升级，不利于节约资源保护环境，不利于建立社会主义福利制

度，不利于深化改革，不利于政府职能转变。

（4）中国当前做到"发展快"比较容易，做到"发展好"比较难。中国经济发展必须实行持久战战略，但长期实行的是"速胜论"战略，这种战略现在还有体制机制支撑。必须在"好"字上下功夫，克服和防止盲目追求速度，才能做到又好又快。

温家宝总理曾说中国经济从总体上看是好的，但也存在不平衡、不协调、不可持续的问题。这话说得很中肯。不平衡表现在城乡不平衡、地区不平衡、经济发展和社会发展不平衡；不协调表现在第一、第二、第三产业不协调，投资消费不协调；不可持续表现在资产价格泡沫、资源环境压力等方面。还存在不稳定因素，群体事件频发。为了解决这些问题，做到以人为本，需要平衡、协调、可持续发展，也要克服盲目追求高速度的倾向。

（二）在处理好和快的关系时，要注意好和快既是统一的，又是矛盾的，处理好和快的基本原则是快服从好

从长期看，发展不快，不可能好；发展不好，也不可能快。长期看好和快的关系，更多显示统一的一面。

从短期看，情况比较复杂，可能快而不好，可能好而不快，可能既好也快，可能既不快也不好。

好和快应该谁服从谁？是好服从快？还是快服从好？改革前主要是好服从快。总路线也提"好省"，实际是只求"多快"，为了"多快"，不惜代价，当然不可能"好省"。

有人认为，转变经济发展方式也是为了快。不少人赞同这个看法，有些文件也有这个精神。但我认为转变经济发展方式是为了好，要求克

服盲目追求速度快的偏向。

党的十二大提出到 20 世纪末实现国民生产总值比 1980 年翻两番，要以提高经济效益为前提。这就意味着应该转变经济发展方式，发展快要以发展好为前提。这是正确的，但实行起来困难重重。为什么困难？可能和好与快关系复杂有关，也和对如何处理好与快的认识不一致有关系。

总结历史经验，更需要从长期来看好与快的关系，要在好中求快，必要时，有些时候、有些地区也许要降低速度来实现好的要求。

（三）　研究经济发展速度，既要研究投资、消费、进出口等情况，研究资金、技术、劳动力、市场等情况，还要研究面临的其他经济社会问题，当前还要认真研究深化改革的问题

中国现在面临不少亟须解决的经济社会问题，如贫富差距扩大、社会保障制度不健全、就业问题严重、环境污染严重、腐败还未有效遏制，等等。解决这些问题，经济才能健康可持续发展，但解决这些问题是需要时间、精力和资源的。

中国经济发展仍必须和改革结合起来考虑。对于改革的现状和任务前景有不同的认识。这里有一个研究方法问题。马克思主义的精髓和灵魂是"对具体情况作具体分析"，我们就是要用这个方法来分析当前中国的经济和改革问题。

具体分析中国当前的经济社会情况，既要承认改革已取得的巨大成绩，也要承认改革的任务尚未完成。国有企业改革的任务没有完成，国有经济布局的战略性调整没有完成，财税改革的任务没有完成，金融改革的任务没有完成。除了经济体制改革的任务，还有社会体制改革、政

治体制改革、文化体制改革的任务。有人认为中国社会结构落后经济结构（工业化）15年，社会改革比经济改革的任务不是更少而是更多。文化体制改革、政治体制改革的任务更加艰巨复杂。党的十七大把转变经济增长方式发展为转变经济发展方式，现在应该把转变经济发展方式调整为转变发展方式，因为经济、社会、政治、文化的发展方式都有深化改革的任务。

（四）推进城镇化也要稳中求进

加快城镇化是为了经济发展快，还是为了经济发展好，这也值得研究。有些人认为是为了快。我担心这种看法会导致用"搞运动"的办法来推进城镇化。我认为加快城镇化是为了经济发展好，至少首先是为了好。

城镇化本身也有一个好和快的问题。有篇题为《正确城市化》的文章，提出要防止"土地城市化"代替"人口城市化"，要防止"人口落地而公共服务不落地"。我赞同这个意见，我还认为要把农民工就业问题作为加快城镇化的条件。

要细致地研究城市化和工业化的关系，研究我国城市化是不是滞后，如果是滞后，原因何在。还要研究城市化滞后如何解决，是不是以前慢了现在就可以无条件加快发展。

推进城镇化进程中决不能放松新农村建设。有人说"推进城镇化就是加快社会主义新农村建设"。这种说法有片面性。推进城镇化可以为新农村建设创造有利条件，但是不能代替新农村建设。一定要克服轻视农业、农村、农民的思想。人总是要吃饭的，农业始终是国民经济发展的基础，推进城镇化并不是要消灭农业和农村，而建设新农村的主体是农民。要想方设法使人们既爱城市，也爱农村，决不能把推进城镇化和建设新农村对立起来。

吸取国内外的经验教训，要从我国实际情况出发，当前推进城镇化也要稳中求进，既要积极，也要稳妥。

（五）认真研究和正确处理生产和消费的关系

马克思说没有生产，就没有消费；没有消费，也没有生产。现在我们越来越认识到消费问题的重要性。

但究竟生产和消费是什么关系？谁是目的，谁是手段，谁服从谁？理论上、实践中都需要研究。

生产和消费的关系可能有三种情况：第一种情况是"消费是目的，生产是手段"；第二种情况是"生产是目的，消费是手段"；第三种情况是"生产和消费互为目的和手段"。

从历史上看，资本主义社会以前的社会里，消费是目的，生产是手段。资本主义社会，生产是目的，消费是手段。在资本主义社会，生产是为了利润，生产因此成了目的，社会为生产而生产，消费成了手段。后来在生产发展的基础上实现高消费，形成消费社会。

马克思主义设想的共产主义社会，为了人的全面发展，实现各尽所能，各取所需。消费又成了目的。

中国已进入社会主义社会阶段，虽然是初级阶段，按理应该是消费成为目的，不过现在强调扩大消费是为了保增长速度（如 2009 年是为了"保八"），因此似乎也是把消费作为手段，生产作为目的。从既强调增长速度又强调扩大消费看，似乎又是生产和消费互为目的和手段。究竟如何认识和处理这个问题，是值得研究的。

把生产作为目的还是把消费作为目的，与政策设计和经济社会发展关系很大。把生产作为目的，就会把速度放在第一位，追求速度，甚至盲目追求速度。为了实现 GDP 目标，就会提倡高消费，建立消费社会。虽然我们也提倡建立节约型社会，但是为生产而生产必然相应地实现高消费。消费社会是资本主义社会发展到一定阶段提出来和建立起来的，其特征是大众高消费。从全世界范围看，地球是承受不了这种高消费社会的负担的。我们建设社会主义社会，在消费上是不是也应该和资本主义社会有所区别？

马克思主义政治经济学是联系生产力和上层建筑研究生产关系的科学。生产关系体现在生产、流通、分配、消费等各个方面，但消费中的生产关系往往被忽视。其实，马克思关于商品拜物教和人的异化理论也是讲的消费问题。西方马克思主义有一派专门研究和批判资本主义消费社会。他们认为，随着资本主义社会的发展，人们的消费不再是对真实的物或使用价值的消费，而是变成了对宣传广告符号本身的消费，消费不是为了满足需要而是满足欲望。资本主义社会全面呈现为一个交换价值脱离使用价值的社会，一个为了生产而生产而非为了日常生活而生产的社会。他们说，这种消费社会和它的意识形态侵蚀了工人阶级和人民大众的认识和觉悟，是资本主义得以延续下去的重要原因（《资本主义理解史》第五卷，江苏人民出版社 2009 年版，第 179 页、第 183 页）。西方马克思主义的这些分析，对我们认识消费和消费社会是可以有所启发的。

在社会主义社会，消费是为了人的自由全面发展，生产是实现这一目的的手段。明确消费是目的并不能够避免资本主义消费社会和消费观念对社会主义生活方式的影响，但它至少提出了以下几项重要任务。一是要在科学发展观指导下，建设符合社会主义本质和特征的科学消费观。科学消费观是科学发展观的重要组成部分。二是要研究、建立和倡导一种适合中国国情的科学而又可行的消费模式。三是要从这种消费模式出发，研究转变经济发展方式，包括调整经济结构、优化产业结构、转变经济增长方式的要求。因为消费既是再生产的终点，也是再生产的起点。四是努力避免资本主义消费社会的消费观念对我国生活方式的消极影响。

现在中国是消费不足和消费过度并存，全国还有几千万人没有摆脱贫困，几亿人还不富足，消费不足是主要问题，但是也存在过度消费、不健康消费、有害消费的现象。我国已存在一种向欧美高消费学习和看齐的趋向，这不符合中国的现实情况，也不符合未来发展的要求，需要倡导科学的符合小康社会的消费观念，建立和推广富足、健康、幸福、可持续的消费模式。

（本文写于 2010 年 2 月 23 日，原载《学习时报》2010 年 5 月 3 日）

三、盲目追求速度必然妨碍发展方式转变

改革开放以来，我国在转变经济发展方式上取得了成绩，但是也存在问题和不足。尤其是随着经济发展，居民贫富差距呈扩大趋势，贪污腐败现象十分严重，这些对于社会主义国家来说，是应该引起高度重视和警惕的。

根据历史经验，要努力克服偏重加快发展速度、忽视调整经济结构、忽视经济体制改革与政治体制改革等偏向。

经济发展速度是经济发展的一个内容，经济发展还有其他内容。盲目追求速度必然妨碍转变经济发展方式。从当前国内外经济形势和发展趋势看，"十二五"期间以中速为宜。有的同志主张"实现增长和结构'双提升'的目标"，要求达到比现在"保八"更高的速度，我认为是要求过高。我认为，如果不顾客观条件，继续拼命盲目追求高速度，一不利于产业结构优化升级，二不利于节约资源保护环境，三不利于建立社会主义福利制度，四不利于深化经济体制改革，五不利于政府职能转变，六不利于建立正确的干部考核制度。

社会主义市场经济和资本主义市场经济有根本区别，但社会主义市场经济也存在无政府状态。市场经济也必然导致居民收入存在差距，我国当前和今后一段时期居民收入差距还相当大。非公有制经济是社会主义市场经济的重要组成部分，国有企业建立现代企业制度后成了独立的

商品生产者和经营者。加上政企不分和地方政府参与经济活动，更加剧了社会生产无政府状态。这些因素使得社会主义市场经济也有发生经济危机的可能性。在转变经济发展方式中，不仅要研究如何应对国际经济危机，也要研究如何防治社会主义市场经济可能产生的经济危机。

经济发展很大程度上是由消费决定的。因此需要研究消费观念、消费模式等问题。现在中国是消费不足和消费过度并存。全国还有几千万人没有摆脱贫困，几亿人还不富足，消费不足是主要问题。但是也存在过度消费、不健康消费、有害消费等现象。我国似乎已存在一种向欧美高消费学习和看齐的趋向，这不符合中国的现实情况，也不符合未来的发展要求。

（本文是作者在中国宏观经济学会研讨会上的发言，原载《中国宏观经济学会通讯》第 10 期（2009 年 11 月 30 日））

四、加快城市化建设绝不能放松新农村建设

　　我在一份报纸上面看到一篇文章，题目叫作《推进城镇化是加快社会主义新农村建设》，似乎城市化就可以解决"三农"问题了。我认为，加快城市化绝不能代替新农村建设。一定要克服轻视农业、农村、农民的看法，农业始终是国民经济的基础。推进城市化不是要消灭农业、农村、农民，而是要为建设新农村创造条件。建设新农村的主体是农民，我们要想方设法让人们既热爱城市，也热爱农村，不能把推进城市化和建设新农村分割开来和对立起来。吸取国内外的经验教训，推进城市化要稳中求进，而且在中国这样一个人口大国，城市化率要达到多少，才算完成城市化，也应当从中国的国情出发，不能照抄照搬外国。中国的农村和农业也是有扩大产业和增加就业的很大潜力的。我国农业有精耕细作的传统，在农业现代化过程中，产前、产中、产后都有增加就业的机会。同建设新农村和发展现代农业相联系，许多服务也需要发展，也一定可以发展起来。农民也应该和可以通过培训等渠道来增加自己的人力资本。现在都提人力资本，我觉得增加农民人力资本来扩大就业，提高收入，也应该是我们考虑的一个重要问题。在建设新农村发展现代化农业过程中，要发扬我国农业精耕细作的传统，向生产的广度、深度进军，这是增加农民收入、缩小城乡差距的一个重要途径。我国人口现有13亿，将来可能达到15亿，对农产品的巨大需求必须基本立足国内。

农业和农村必须保有一支必要的劳动大军。壮劳动力都进城去，农村只留下老人和小孩，在这种情况下，要满足城市对农产品的需求，是不可想象的。与建设新农村的声音相比，现在加快城市化的声音太高。如果因此而放松了新农村的建设，那时是要犯历史性错误的。

（原载《中国宏观经济学会通讯》2010 年第 3 期

（2010 年 5 月 31 日））

五、如何认识和实现经济发展方式转变

胡锦涛总书记于 2007 年 6 月 25 日在中央党校的重要讲话中指出，实现国民经济又好又快发展，关键要在转变经济发展方式、完善社会主义市场经济体制方面取得重大新进展。在党的十七大报告中，胡锦涛总书记再次强调，加快转变经济发展方式，推动产业结构优化升级，是关系国民经济全局紧迫而重大的战略任务。转变经济发展方式，是在探索和把握我国经济发展规律的基础上提出的重要方针，也是与转变经济增长方式既一脉相承又与时俱进的科学命题。从"转变经济增长方式"到"转变经济发展方式"，虽然只是把"增长"改为"发展"，但是内涵却发生了重大变化。这个改动体现了科学发展观的要求，反映了我们党对经济发展规律认识的又一次飞跃，将对我国发展方式产生重大导向作用。本文围绕怎样认识和实现转变经济发展方式谈几点看法。

（一）转变经济发展方式的提出

转变经济发展方式是党的十六大以来，以胡锦涛同志为总书记的党中央深切把握发展规律、深刻总结国内外发展经验、深入分析我国发展阶段的基础上，提出的一个科学命题。历史地看，新中国成立初期，我们党已经开始探索如何把我国建设成为一个社会主义的工业化强国，改革开放之前已经确立了实现四个现代化的目标。改革开放以来，我们党十分重视经济发展方式问题。党的十二大提出，把全部经济工作转到以提高经济效益为中心的轨道上来。党的十三大提出，经济发展要从粗放经营为主逐步转上集约经营为主的轨道。党的十四届五中全会提出，实现经济体制和经济增长方式的两个根本转变，向结构优化要效益，向规模经济要效益，向科技进步要效益，向科学管理要效益。党的十五大把完善分配结构和分配方式、调整和优化产业结构、不断改善人民生活作为经济发展的重要内容。党的十六大提出全面建设小康社会的奋斗目标，强调要走新型工业化道路，大力实施科教兴国战略和可持续发展战略；全面繁荣农村经济，加快城镇化建设；促进区域经济协调发展；深化分配制度改革，健全社会保障体系。

近年来，我国经济发展进入重化工业加速发展的新阶段，在推动产业结构优化升级、统筹城乡区域和经济社会发展、调整投资出口消费关系、促进可持续发展等方面的实践中，中央深化了对经济增长与经济发展的认识。但是，长期形成的经济结构不合理、经济增长质量不高的问题依然存在，资源短缺、环境污染、生态失衡成为国家工业化、现代化越来越严重的制约因素，消费、投资、出口在拉动经济增长中的作用还不协调，分配不够合理、收入差距过大的问题亟待解决，部分地方加快发展的积极性没有转上科学发展的轨道。中央根据面临的形势和任务，提出科学发展观和促进国民经济又好又快发展等战略思想。这样，胡锦涛总书记"6·25"重要讲话和党的十七大明确提出转变经济发展方式，就是必然的和自然而然的了。转变经济发展方式这个命题从理论上厘清了我国发展道路，体现了"四位一体"的现代化建设总体布局的要求。

从理论上看，发展方式差异源于发展约束条件的差异。不同国家和同一国家的不同发展阶段面临不同的约束，要求采取与之相适应的发展方式。从新中国成立到改革开放初期，我国经济总量较小，资本、技术、制度等非自然资源比较稀缺，土地、矿产、水、环境等自然资源的稀缺问题还不突出。当时，经济发展主要是以尽可能少的资本和技术与尽可能多的自然资源相结合，表现为主要依靠增加自然资源投入实现经济快速增长。但是，随着经济总量扩大，生产要素的稀缺格局发生重大变化，土地、矿产、水和环境等自然资源越来越短缺，资源环境对经济发展的制约作用越来越突出。生产要素供求关系的这个变化，要求从发展的动力、结构、质量、效率、就业、分配、消费、生态和环境等方面对发展方式和方法进行调整。在这个意义上，可以说转变经济发展方式是实现我国经济又好又快发展，尤其是解决我国资源环境问题的根本要求和根本途径。其实，由于人均自然资源拥有量远低于世界平均水平，我国经济社会发展一开始就受到自身自然资源的约束。延续以往较少的资本、技术和较多的自然资源相结合的发展方式，必然伴随资源枯竭和环境污染越来越严峻等问题，只不过这种约束在经济总量较低的发展阶段不明显。如果说矿产资源可以从国外进口，那么像土地、水、环境容量这样的自然资源则必须依靠国内供给。由于自然资源成为我国经济社会发展的越来越严峻的制约因素，我国只能通过转变经济发展方式，走出一条与以往不同的发展道路。

从实践上看，转变经济发展方式体现了"四位一体"的现代化建设总体布局的要求。在科学发展观指导下，中央将中国特色社会主义事业的总体布局由经济建设、政治建设、文化建设"三位一体"发展为经济建设、政治建设、文化建设、社会建设"四位一体"。在党的十七大报告中，胡锦涛总书记进一步论述了促进国民经济又好又快发展、发展社会主义民主政治、加强社会主义文化建设、加快推进社会建设的目标和任务。"四位一体"的发展体系要求从人民群众的根本利益出发，努力实现经济社会全面、协调和可持续发展，这不仅要求保持平稳较快的经济增长，而且要求调整发展的目的、动力、结构、分配等方面的内容，客观上要求把转变经济增长方式拓展为转变发展方式。经济增长虽然是经济发展的前提，但是对国民生产总值的片面追求并不必然改善广大人民群众的福祉，也不必然促进政治建设、文化建设和社会建设。第二次世界大战后，一些国家曾经出现的有增长无发展的状况以及经济、政治、文化和社会发展不协调问题尤其值得我们警觉。只有在经济增长与经济发展的统一上，协调推进经济建设、政治建设、文化建设、社会建设，才能实现以人为本，全面、协调、可持续的科学发展，才能使经济发展更好地服从和服务于社会主义现代化建设"四位一体"的总体布局。

（二）把"两个坚持三个转变"作为转变经济发展方式的重点

党的十七大报告提出，转变经济发展方式要坚持走中国特色新型工业化道路，坚持扩大国内需求特别是消费需求的方针，促进经济增长由主要依靠投资、出口拉动向依靠消费、投资、出口协调拉动转变，由主要依靠第二产业带动向依靠第一、第二、第三产业协同带动转变，由主要依靠增加物质资源消耗向主要依靠科技进步、劳动者素质提高、管理创新转变。以上"两个坚持三个转变"涉及经济发展的基本原则和重大关系，是当前和今后一个时期转变经济发展方式的重点领域。

第一，处理好消费、投资、出口三者之间的比例关系，提高消费对经济发展的贡献。消费、投资和出口是拉动我国经济发展的"三驾马车"。我国经济能否保持平稳较快发展，"三驾马车"的协调是关键。近一个时期的经济发展，主要靠投资和出口拉动，消费没有发挥应有的作用。过去 15 年，我国固定资产投资和出口合计占到 GDP 总值的大约

80%，并且仍在以每年 25%~30% 的速度增长，而消费则逐渐滑落至历史低点。我国贸易出口与进口总额自 2001 年起居世界第三位，仅次于美国和德国。全国进出口总额从 2000 年的 4743 亿美元增加到 2006 年的 17607 亿美元，年均增长 24.4%。其中，出口从 2492 亿美元增加到 9691 亿美元，年均增长 25.4%；进口从 2251 亿美元增加到 7916 亿美元，年均增长 23.3%。2008 年美国、欧盟等主要经济体增长速度可能放缓，美元贬值、人民币升值将影响我国对美出口的竞争力。国际原油价格持续高位运行，总体上对我国工业增长具有一定程度的制约，对于对外依存度较高的行业和企业将会产生一定影响，继续过度依靠出口实现经济发展难以为继。从现代化的目标和国际比较看，我国消费占 GDP 的比重偏低，人民生活水平和消费能力需要继续提高。努力扩大国内需求是我国经济发展的长期战略方针和基本立足点。党的十七大提出，促进经济增长由主要依靠投资、出口拉动向依靠消费、投资、出口协调拉动转变。随着住房、教育、医疗、分配等民生问题的解决，以及社会保障体系的完善，国民消费能力和消费倾向都将得到提高，消费完全可以更好地发挥拉动经济发展的作用。

第二，在保持经济总量持续平稳增长的同时，更加重视优化三次产业产出结构和就业结构。经济发展最重要的现象，是劳动人口从农业到制造业，再从制造业到服务业的转移。在第一次工业革命开始后的两个世纪里，发达国家的经济经历了两次显著结构变化：由农业占支配地位的农业经济进入由工业占更重要地位的工业经济的第一阶段的结构变化，这就是工业革命；随后农业的比重进一步衰落，工业增长速度逐渐放慢甚至稳定不动，而服务业则大幅度增长，这就是服务业革命。经过几十年发展，我国经济总量已经扩张到一个新的层级。GDP 从 1978 年的 3645 亿元增加到 2006 年的 209407 亿元。根据国际货币基金组织公布的数据，2006 年，按汇率折算的世界 GDP 总量为 48.1 万亿美元，中国 GDP 为 2.6 万亿美元，占世界总量的 5.4%，总量居世界第四。按购买力平价测算，2006 年中国 GDP 为 9.98 万亿美元，占世界总量的 15.1%，总量居世界第二，仅次于美国。在经济总量扩张的同时，我国三次产业产出结构和就业结构发生了较大变化。第一、第二、第三产业产出结构由 1990 年的 27.1∶41.3∶31.6 调整为 2000 年的 15.1∶45.9∶39.0 和 2006 年的 11.7∶48.9∶39.4；就业结构从 1990 年的 60.1∶21.4∶18.5 调整为 2000 年的 50.0∶22.5∶27.5 和 2006 年的 42.6∶25.2∶32.2。从上述数据可以看出，我国第一产业就业比重高于产出比重 30.9 个百分点。第三产业占 GDP 和从业人员比重的变化虽然稳定上升，但就业比重低于产出比重 7.2 个百分点。产出结构和就业结构的这个特点，说明今后较长时期我国就业结构主要是从第一产业向第三产业转移。实现这个转移客观上要求加快发展第三产业，通过第三产业来提升第一、第二产业素质，实现三次产业协同发展。

第三，更好地发挥科技进步、劳动者素质提高和管理创新对经济发展的作用。科技进步、劳动者素质提高和管理创新三者相互促进，但起基础和拉动作用的主要是较高素质的劳动者。从经济发展实践看，英国是世界第一个工业化国家，以蒸汽机为代表的技术革新揭开了工业革命的序幕。技术革新使劳动生产率不断提高，以纺织业为先导部门，采矿业和冶金业与其并行发展，带动了其他部门的产生和发展，工业化逐渐扩散到各工业生产部门和交通运输业中。美国的发展方式起源于英国，可以说是英国发展方式的顶峰。高科技产业的发展推动劳动生产率和国际竞争力提高，是美国经济持续增长的最重要因素。美国从 19 世纪至今一直在不停地吸纳世界各国、各民族、各领域、各层次的优秀人才，这些人才极大地提高了美国劳动者素质，使美国从 20 世纪初开始在科技进步和管理创新以及创立新产业方面始终处于世界领先地位。航空航天、电子、有线和无线通信等技术和产业都诞生于美国，在空间科学、海洋工程、生物工程和信息技术发展领域美国是最主要的贡献者。近年来，美国朝野更加注重人才、技术和制度对经济发展的推动作用，采取各种措施吸纳优秀人才。日本、韩国总体属于资源相对匮乏的国家，主要依靠科技进步、劳动者素质提高和制度创新实现现代化。

从经济理论演进看，早期认为土地、资本、劳动等要素投入数量是经济增长的源泉，后来逐渐认识到生产要素质量和利用效率对经济增长起到的作用。经济学家在对 20 世纪中后期的经济现实做出理论解释的过程中提出了新增长理论。新增长理论强调知识积累、技术进步和人力资本的水平对经济增长的促进或制约作用，把知识和技术看作比资本和劳动在经济增长中的更为重要的内在要素，并且特别强调知识和技术的发展是生产和收益递增的重要源泉。新增长理论认为，世界经济增长中没有出现经济增长趋同和停滞，发达国家和发展中国家的经济增长和收入差距越来越大，很重要的原因在于知识积累、技术进步和人力资本的水平等方面的差距。经济发展实践和理论都表明，科技进步、劳动者素质提高和管理创新是现代经济增长的主要源泉和推动力。我国人均资源占有量偏低，经济发展过度依赖资源消耗和环境投入，在过去经济总量较小的时候还可以承受。在今后发展过程中，如果不能摆脱传统发展方式和资源与环境利用方式，延续以往依靠生产要素大量投入和生产规模外延扩张的发展方式，我国经济社会发展受到的资源和环境制约将越来越严峻，甚至可能因为超越资源和环境的承载能力使发展的步伐受到阻挡。如何发挥好科技进步、劳动者素质提高和管理创新的作用，努力提高这三个因素对经济发展的贡献，是一个必须加以重视的战略问题。

（三） 为转变经济发展方式提供制度保障

转变发展方式不仅为我国深化经济体制改革指明了方向，而且需要不断完善市场经济体制并提供制度保障。在社会主义市场经济体制下，政府与市场都具有配置资源和调节利益关系的功能，但其性质和作用方式不同。政府是一个集中决策、层级管理的组织体系，而市场是一个分散决策、自由竞争的组织体系。市场和政府在资源环境保护和生态环境建设中的作用有所不同。市场机制通过反映环境资源稀缺程度的价格信号和优胜劣汰的竞争机制，消除资源环境利用方式不合理和企业内部效率低下引起的生态代价和社会成本问题。政府通过法律、制度和补偿机制，创造市场机制起作用的条件，消除外部性引起的生态代价和社会成本，实现资源和环境的合理分配与有效利用。由于市场体制在解决资源和环境问题方面具有滞后性和局限性，竞争和淘汰落后的过程需要较长的时间，并造成不可逆和难以挽回的损失。解决上述问题，涉及生产、交换、分配、消费各个领域，核心是处理好政府和市场关系，更好地发挥政府和市场的作用。我国转变发展方式的障碍主要源于市场经济体制不完善、不健全，为转变发展方式提供制度保障在当前尤其要注重以下几个方面：

第一，完善有利于节约能源资源和保护生态环境的法律和政策，加快形成可持续发展体制机制。转变经济发展方式必须处理好经济发展、资源利用与环境保护三者之间相互联系和互为因果的关系，把经济发展的负面影响控制在资源和环境承载能力之内，解决好资源有限和环境容量对经济发展的制约问题，确保资源和环境能够持续地为人类和工业发展所利用。当务之急是建立能够反映市场供求关系、稀缺程度以及环境治理等外部成本的资源类产品价格形成机制，优化资源综合利用、循环利用和废旧物资回收利用的税收、信贷优惠和国家投资与补贴政策，扩大节能、节水产品实施政府采购的范围，硬化资源对投资者、经营者和消费者的约束。资源领域要完善自然资源有偿开采、有偿使用制度，加快用水、用地、用电和排污全价交易制度建设，使利益相关者和受影响者共同分担由于资源开采所带来的影响。环境领域要全面实施主要污染物排放总量控制，完善污染物和废弃物有偿排放制度、污染排放权交易制度。在控制整体污染物排放总量的前提下，通过市场交易来实现污染控制的目标。

第二，加强竞争制度建设，处理好垄断和竞争关系，优化竞争环境。市场经济体制不仅需要竞争，而且需要公平和有效的竞争。"十五"期间，随着我国经济融入世界经济体系，市场化进程向前推进，我国关于竞争秩序和竞争环境的法制和制度建设得到加强，在放宽市场准入、监管体制改革、纵向结构重组、引入非国有资本、建立特许经营制度等方面取得进展，地方保护行为有所收敛，竞争在促进创新、经济增长和社会发展方面的作用为人们所重视。我国竞争秩序和竞争环境仍然面临地方保护、行政垄断、垄断性并购、知识产权滥用和行业自律限制定价等难点问题。"十一五"期间，我国应以《中华人民共和国反垄断法》颁布和《中华人民共和国反不正当竞争法》修订为契机，改变长期以来重视产业政策、忽视竞争政策的倾向，将竞争政策确立为社会主义市场经济体制的一项基础政策，防止并依法惩治各种损害效率和公平的限制竞争行为。

第三，深化收入分配制度改革，理顺收入分配关系，逐步缩小收入分配差距。改革开放之后，我国收入分配制度发生了重大变革，计划经济体制以平均主义为特征的分配制度，逐步转变为"按劳分配为主、多种分配方式并存"的分配制度。从党的十三大到党的十七大这 20 年间，随着社会历史条件的变化，党对我国收入分配的认识逐步深化。党的十三大提出在促进效率提高的前提下体现社会公平；党的十四大提出兼顾效率与公平；党的十五大提出坚持效率优先、兼顾公平；党的十六大报告提出初次分配注重效率，再分配注重公平，调节差距过大的收入；党的十七大提出初次分配和再分配都要处理好效率和公平的关系，再分配更加注重公平。以上表述表明，我们党历来重视正确处理效率和公平问题，党的十七大更加重视公平并进一步明确了处理效率和公平问题的思路和原则。解决好收入分配问题，既要逐步提高居民收入在国民收入分配中的比重，提高劳动报酬在初次分配中的比重，提高低收入者收入和最低工资标准，建立企业职工工资正常增长机制和支付保障机制，也要调整财政支出，政府要把自己所支付的经济资源和社会资源集中投入到治安、司法、社会保障、教育、医疗、就业、生态、基础设施建设等领域，确保教育和医疗服务的均等化，为社会的有效运行提供所必需的最低限度的安全、稳定、预期和公平环境。

第四，倡导健康文明的消费方式。我国实现了现代化建设"三步走"战略的前两步，人民生活总体上达到小康水平。从现代化的目标和国际比较看，我国消费占 GDP 的比重偏低，人民生活水平和消费能力需要继续提高。努力扩大国内需求是我国经济发展的长期战略方针和基本立足点。但是，在国内需求扩大尤其是人民消费水平和消费能力提高的同时，要倡导健康文明的消费方式。基本原因在于，我国是一个人口众多、资源相对不足、环境承载能力较弱的发展中国家，欧美等西方发达国家的消费方式，是它们在特定时期和条件下产生的。从资源禀赋尤其是人均水平看，我国不具备那样消费的条件，从华夏文明传统和社会主义荣辱观看，我国社会也不应该接受不健康、不文明、不可持续的消费理念和消费方式。与引导生产的政策及实践相比，我国规范和引导消费方面的工作还相当薄弱。落实中央提出的倡导健康文明的消费方式，一方面要加大宣传，另一方面要注重运用正确有效的经济法律手段，矫正过于奢侈和浪费资源的消费，大力倡导适度消费、健康消费和绿色消费。

（四）要继续深入研究经济增长方式问题

经济增长方式是经济发展方式的内在组成部分。从理论和实践两方面看，经济增长方式问题之所以要继续深入研究，主要是因为以下几点考虑。

首先，经济增长仍然是经济学研究的一个专业领域。经济增长总是表现为生产成果数量的增长，这就需要分析经济系统投入产出关系，分析生产要素的投入数量、质量和利用效率对产出的影响。现在人们普遍认识到，生产要素不只是劳动、土地、资本，而且包括技术、人力资本和企业家才能，甚至包括制度。与传统经济增长方式主要依靠实物资本和劳动力要素的投入来推动不同，现代经济增长主要通过知识、技术及制度不断创新来推动。通过制度创新，降低经济系统微观和宏观层次的生产成本、交易成本，不断改进和提高生产要素资源的使用效率，可以突破资源环境约束对经济增长的制约，从而为转变发展方式提供路径。随着人们对生产要素认识的深化，生产要素的组合使用越来越复杂，实现产出比投入的更快增长就需要深入研究经济增长方式的问题。

其次，这是正确把握经济增长与经济发展关系的需要。转变经济发展方式虽然包括转变经济增长方式，但是转变经济增长方式是一个需要独立研究的问题。经济增长与经济发展之间大体有四种组合方式，即无增长无发展，有增长无发展，无增长有发展，有增长有发展。这四种组合方式，在经济史中都出现过。其中，前两种组合在一些非洲国家和拉美国家出现过，一些欧洲国家完成工业化和城市化后一度出现的低增长接近第三种组合，主要工业发达国家曾经长期处于第四种组合。从发展阶段看，我国还没有发展到低增长阶段，应该坚决避免出现前两种组合，争取保持第四种组合，这自然离不开对增长方式的深入研究。

最后，这是保持我国经济长期较快增长的需要。根据国际货币基金组织公布的数据，2006 年我国人均 GDP，按汇率计算为 2001 美元，为世界平均水平的 24.3%；按购买力平价计算为 7598 美元，为世界平均水平的 66.60%。我国人均 GDP 与高、中收入国家和世界平均水平相比有较大差距，工业化和城市化处于并行快速推进期，客观上要求经济总量在较高基数基础上继续保持扩张态势。不保持较快的经济增长，就不可能解决农村剩余劳动力转移、城乡差距、社会保障和资源环境问题，就不可能实现经济、政治、文化和社会的全面进步，现代化建设也不可能全方位得以推进。为使经济增长达到以上要求，也必须继续深入研究经济增长方式问题。

（与刘戒骄合作，原载《理论前沿》2008 年第 6 期）

第三部分

转变经济增长方式要求调整产业结构

一、重视和发展信息化，大力推进信息化与工业化融合

（一）加快国民经济和社会信息化的必要性

胡锦涛同志在党的十七大报告中指出："要全面认识工业化、信息化、城镇化、市场化、国际化深入发展的新形势新任务"，"大力推进信息化与工业化融合"。在党的全国代表大会上，从深入贯彻落实科学发展观出发，把信息化和工业化、城镇化、市场化、国际化并提，这在我们党内还是第一次。这就要求我们在新时期新阶段，更加重视信息化，加快我国国民经济和社会信息化的发展。

为什么要更加重视和发展信息化，我认为主要有以下几点原因：

一是党的十六大提出的"以信息化带动工业化，以工业化促进信息化"已取得了很大的成绩和丰富的经验，同时也存在一些有待解决的问题。

提出"以信息化带动工业化、以工业化促进信息化"的时候，我们还缺少经验。由于信息化是在工业化的基础上发展起来的，而我国还处于工业化阶段，因此有些人当时对于能否搞信息化还有怀疑。实践表明，我国走"以信息化带动工业化、以工业化促进信息化"的新型工业化道路是完全正确的、切实可行的。"十五"时期，我国信息产业不断壮

大，已成为国民经济的重要支柱产业，移动电话、程控交换机、计算机等产品位居世界第一；信息化迈上新台阶，信息化技术对经济社会发展的支撑作用明显增强，成效日益显现，信息技术与传统产业的加速融合成为推动经济结构调整和促进经济发展方式转变的重要动力；电子政务逐步推进，电子商务快速发展，信息化对人们的工作、生活、学习和文化传播方式产生了深刻影响。但是我国信息产业大而不强，自主创新能力较弱，核心技术和关键装备受制于人；信息技术应用总体水平不高，重建设轻应用问题严重，信息化对工业化的带动作用尚未充分发挥；信息化法律法规滞后于实际需要，体制机制尚需完善，信息安全保障能力需要加强。电子信息产品在生产制造过程中和被淘汰后都会对环境产生污染，电子垃圾处理也是一个问题。这些都是亟待解决的问题。

二是进入 21 世纪以来，信息技术革命势头更加迅猛。微电子技术向纳米级、集成系统方向发展速度加快，计算技术向提高性能、网络化方向演进，信息获取、处理、存储和传输能力持续跃升，通信和网络技术向宽带、移动、融合方向发展，模拟信息技术全面向数字信息技术转变。信息技术与生物、空间、纳米等技术深度融合，相互促进。这些信息技术的重大突破孕育着生产力新的飞跃，开创着技术创新和生产力发展的新局面。因此强化信息技术创新，支撑现代化建设，带动生产力跨越式发展，已成为我国刻不容缓的战略任务。

三是"十一五"时期，我国经济发展面临越来越严重的资源、能源和环境压力，迫切要求全面转入科学发展的新阶段。

面对新形势新要求，必须深化信息技术应用，深度开发生产、流通和其他领域的信息资源，大幅度提高信息化对经济发展的贡献率，降低自然资源消耗水平，推动建设资源节约型、环境友好型社会，必须最大限度地发挥信息化在生产、应用、传播和积累方面的优势，加快建设创新型国家，实现科学发展，走好新型工业化道路。

四是我们正在积极构建社会主义和谐社会，信息化是推进社会主义和谐社会建设的有效途径。

信息网络日益成为拓宽群众参与、倾听群众呼声、沟通社情民意的重要渠道。构建和谐社会，解决就业、社会保障、医疗卫生、教育、安全生产等人民群众最关心、最现实的利益问题，迫切要求社会信息化与经济信息化并重并举，协调发展。

此外，还要指出，随着全球化趋向的发展，信息化日益成为全球竞争的战略要点。

全球信息化与经济全球化相互交织，互联网成为经济社会发展、思想文化碰撞、战略资源争夺、政治军事较量的新舞台，加剧了各国经济发展的不平衡。发达国家和发展中国家竞相制定和实施国家信息化战略与行动计划，力图抢占未来发展的战略制高点。在全球信息化进程中，我国正处于从被动应对向自主发展转变的关键时期，跨越的可能与落后的风险并存。大幅提升国家信息化水平，也是增强国家综合实力、应对国际竞争的必然选择。

（二）大力推进信息化与工业化融合

党中央高度重视信息化工作。邓小平同志早就指出："开发信息资源，服务四化建设。"江泽民同志强调："四个现代化，哪一化也离不开信息化。"胡锦涛同志也多次提出要大力推进国民经济和社会信息化。经济发达国家是在完成工业化以后实行信息化的，我国则在工业化过程中就发生了信息化问题，如何根据我国的国情，处理好信息化和工业化的关系，在工业化过程中促进信息化发展，是一个难度很大的战略问题。经过认真研究，党的十五届五中全会提出"以信息化带动工业化，发挥后发优势，实现社会生产力的跨越式发展"；党的十六大进一步提出了"坚持以信息化带动工业化，以工业化促进信息化，走出一条科技含量高、经济效益好、资源消耗低、环境污染少、人力资源优势得到充分发挥的新型工业化路子"。这也是我国促进信息化发展的正确道路。但是究竟如何以信息化带动工业化，以工业化促进信息化，走新型工业化道路，则还是需要由实践来解决问题。

党的十七大提出的"发展现代产业体系，大力推进信息化与工业化融合，促进工业由大变强"，就是总结我国走新型工业化道路的实践得出的科学结论，从而找到了"以信息化带动工业化，以工业化促进信息化"的途径。我体会到，信息化与工业化融合的本质，就是在我国实现工业化的过程中，在国民经济各个部门和社会各个领域，广泛应用信息设备、信息产品、信息技术，发挥信息化作用，做到既能使信息化带动工业化，又能使工业化促进信息化，工业化和信息化都能又好又快地发展，从而促使国民经济又好又快地发展，社会全面进步。因此，大力推进信息化和工业化融合，既是我国实现工业化的正确途径，也是我国发展信息化的正确途径。

信息技术有许多特点，其主要表现在：一是高渗透性。它可以被应用到许多行业和领域。二是高倍增性。信息产业的生产和应用具有低消耗、高产出等特点。三是高带动性，它对信息产业和其他产业都有很强的带动性。四是高投入性。它要有高强度的资金投入和智力投入。五是高创新性。它进步的速度非常快。

这些特点使信息技术在推动经济增长、改造传统产业、促进科技进步、节约能源资源、保护生态环境、实现可持续发展等方面都有极为重要的作用（曲维枝主编：《信息产业和我国经济社会发展》）。在具备条件时，各行业各领域都会利用信息技术。有人研究世界信息化历史后指出："没有信息产业就没有信息革命。但是就对整个经济社会的影响而言，信息技术应用的影响要比信息技术生产的影响大得多。信息技术生产是局部，信息技术应用则是全局。信息技术生产的主体仅是若干个产业部门，而信息技术应用的主体则是整个社会、整个民众。"这是符合实际情况的，也说明了信息化的重要性和发展趋势（中国社会科学院外事局编：《跨世纪考察：经济发展与社会变革》）。

信息技术的普遍应用也就是信息技术和各部门各领域相融合，实现各领域的信息化。在工业化阶段，也就是信息化和工业化融合。工业化不仅是发展工业的问题，不仅是处理农轻重关系的问题，不仅是经济领域的问题，而且是生产力、产业结构、经济结构、社会形态、生活方式全面剧烈转变的过程，因此，信息化与工业化融合不仅发生在经济领域，也发生在社会领域、政治领域、文化领域和生活领域。我国由于工业化已有了一定基础，信息产业迅速发展，尤其是党中央提出以信息化带动工业化、以工业化促进信息化的正确战略方针，已在经济领域、社会领域、政治领域、文化领域等方面普遍开始实现信息化和工业化融合，并取得了明显进展和成效，既带动了工业化，又促进了信息化，从而保证了国民经济和社会的顺利发展。

由于走新型工业化道路，我国发展信息化的成绩是有目共睹的。例如，在经济领域信息化方面：工业中，信息技术在促进传统工业改造、节能降耗、产业升级的过程中发挥了重要作用，企业信息化示范项目积极推进，也取得了成效。交通行业信息专网已经开始建设，有的已经完成了行业专网。农业中，农业信息化基础设施建设稳步推进，农业服务体系覆盖了全国78%的地市、77%的县和47%的乡镇。服务业中，信息技术在金融、旅游、民航等领域的应用日益普及，服务业现代化水平明显提高。电子商务环境明显改进，信用体系逐步完善，现代物流体系建设开始起步，电子商务平台建设取得积极进展，企业网上交易日趋活跃。在社会领域信息化方面：我国教育、卫生、劳动和社会保障、灾害预警和救灾等领域信息化建设不断加强，社区信息化开始起步并积极探索建设和谐社区的途径。在文化领域信息化方面，以建设先进网络文化为重心，加强了社会主义先进文化的网上传播和文化信息资源建设，企业文化服务水平不断提升。此外，我国电子政务已进入全面推进、深化应用的新阶段，电子政务应用成效逐渐凸显，带动了政府公共服务水平的提高。以上我国各个领域信息化的进展，都是信息化与工业化融合的表现，也是信息化与工业化融合的结果。

在信息化和工业化融合取得成效的同时，在如何促进信息化发展上，也取得了很多经验教训。例如：①优先发展信息产业，推进产业结构调整升级。信息化建设要信息产业发展来支撑，信息产业发展要信息化建设来带动。②重视用信息技术改造传统产业，包括用信息技术改造装备工业、改造工艺流程、加快传统产品升级换代，在流通领域引入电子商务。③重视用信息化技术解决经济社会发展中的迫切问题，尤其是工业中开发节约能源资源和环境保护等问题，扩大和深化信息技术应用。④加强自主创新能力，提高国家信息化技术水平，力争掌握核心和关键信息技术。⑤走低成本、高效益的信息化发展道路，立足经济实用，向广大群众提供用得上、用得起、用得好的信息化服务。⑥坚持技术创新、机制创新、体制创新相结合。⑦深化改革，打破条块分割，整合网络资源，促进互联互通。⑧促进区域、城乡和不同社会群体之间信息化协调发展，全面推进经济、政治、文化、社会领域信息化建设。⑨坚持国防和军队信息化与国民经济和社会信息化发展相结合，寓军于民。⑩把信息安全摆在信息化发展的重要位置。以上总结还不全面，但这些经验都值得吸取。

　　为了大力推进信息化和工业化融合，促进信息化发展，必须认真学习和贯彻党的十七大精神。党的十七大要求促进国民经济又好又快地发展，为此提出了提高自主创新能力、推动产业结构优化升级、推动社会主义新农村建设、加强能源资源节约和生态环境保护等八项措施。实现这些措施都要求大力推进信息化和工业化融合，要求促进信息化发展。党的十七大报告还提出要发展社会主义民主政治，推动社会主义文化发展、加快推进社会建设、开创国防现代化建设新局面等任务，这些也都要求重视和发展信息化。我们要紧密结合党的十七大提出的各项要求，坚持走新型工业化道路，大力推进信息化与工业化融合，促进信息化发展。发展信息化主要任务是：①大力推进国民经济信息化，加快转变经济发展方式。加快信息技术与产业发展融合，积极发展面向社会主义新农村建设的信息服务，提升工业各部门和企业的信息化水平，加快服务业信息化，加快发展电子商务。②积极推动电子政务和社会事业信息化，促进和谐社会建设。③加强网络化建设，丰富网络内容，倡导网络道德，建设网络文明，满足人民群众日益增长的精神文化需求。④提高自主创新能力，壮大核心基础产业，培育优势骨干企业，加快软件产业发展，做大做强信息产业。⑤加强综合信息基础设施建设，提高信息化支撑能力。⑥强化信息安全保障，推动国家安全和社会稳定。完成这些任务是艰巨的，也是可能的。我们一定要努力完成这些光荣而艰巨的任务，保证信息化持续、健康、快速地发展。

（原载《中国信息界》2008 年第 2 期）

二、更加重视发展装备制造业

装备制造业是为国民经济各个部门提供工业母机的制造行业，是国家经济实力、国防能力和综合竞争力的基础。没有装备制造业的强力支撑，我国不可能完成工业化，不可能走上新型工业化道路，更不可能实现现代化。近年来，我国装备制造业经历了新一轮规模扩张和技术改造，在数控机床、重型机械、发电输电、轨道交通、航空航天等领域建设了一批高起点、高水平的项目，产业优势得到恢复和加强，总体规模和技术水平实现了新的飞跃。但是，长期存在的大而不强、成套能力弱、龙头企业规模偏小、国际分工地位不利等问题没有得到彻底解决，这些问题在这次国际金融危机中再次得到暴露。如果能够抓住这次国际金融危机和新一轮国内外产业调整升级的机遇，更加重视发展装备制造业，并以战略视角解决制约发展的问题，我国装备制造业就不仅能在应对这次国际金融危机中实现新的提高，而且可以为危机以后的长远发展奠定坚实的基础。

（一）装备制造业是经济发展的先导产业

装备制造业这个概念包含装备和制造两个关键词。制造是将原材料、技术转化为产品的过程，主要包括产品设计、材料筛选、工艺设计、分工协作、生产过程管理、质量检验与控制等产品寿命周期内从设计到成品的一系列相互衔接的活动。装备是制造过程使用的工具、机械。产业革命以来的经济发展史表明，装备是制造的基础和保障，装备水平决定制造的方式和能力，决定产品的功能和寿命，决定产品的精密精致程度。新兴产业发展总是以相关装备制造业的发展为先导，能源利用水平和能源结构变化总是以相关装备制造为先导，产业结构调整总是与新型装备产业结伴而行，产品功能和寿命等技术经济指标总是与装备水平密切相关。例如，动力装备的不断改进，催生了火车、汽车、飞机、采矿、冶炼等许多重要产业的变革，电子信息产业发展依赖晶体管和光电器件的发明和制造。石油和天然气的大规模开发利用也与勘探、开发、运输、炼制等相关装备制造技术的成熟密切相关。在常规能源告急和生态环境恶化的双重压力下，新能源产业被许多国家视为新兴战略产业。风力、太阳能、地热、潮汐利用等发展主要受到相关装备制造水平的制约。只有不断提高相关装备制造的能力和技术，降低相关装备的制造和运行成本，才能使新能源产业得到较大发展。从这个意义上说，经济发展首先以装备制造业为先导产业。

当前，国际制造业正在进行一场深刻的战略转变。其内容可以概括为：从以大批量、少品种的生产方式向小批量、多品种的制造方式转变，从强调传统产业分工向产业链全球布局转变，从传统、常规技术向广泛使用以数控、低耗和洁净生产为重点的先进制造技术转变。这既对装备制造业提出了新的要求，也促使工业发达国家将装备制造业置于更加重要的战略地位，纷纷通过重新布局产业链、控制产业分工高端环节等措施，努力保持市场垄断地位，恢复和保持其制造业的竞争力。

美国、日本、德国等发达国家拥有世界最高技能的劳动力和先进的技术，是世界上装备制造业最发达和先进制造业发展最快的国家，长期以来一直是世界装备制造业的引领者。随着发展中国家制造业的崛起，发达国家制造业占国内生产总值比重和就业比重逐步下降，甚至在汽车、钢铁、消费类电子等美国过去实力很强的制造业领域也面临严峻挑战。但是，发达国家一直试图摆脱制造业地位相对下降的趋势，保持重要装备制造行业的市场份额，继续发挥创新领导者的地位。根据联合国工业发展组织 2009 年《工业发展报告》提供的数据，世界制造业增加值年平均增长率从 1995~2000 年的 4.3% 下降到 2000~2005 年的 2.6%，工业发达国家制造业增加值占世界的比重从 2000 年的 74.3% 降低到 2005 年的 69.4%，发展中国家制造业增加值占世界的比重从 2000 年的 24.3% 增加到 2005 年的 29.0%。但是，发达国家在广播电视和通信设备、电气设备、机械和装备、其他运输设备等不少重要装备制造业领域仍然占较大比重。因此，在调整产业结构和转变发展方式中，我们要把发展装备制造业，提高重大装备和先进装备的市场份额置于更加重要的地位。

（二）重视自主创新和原发创新

提高自主创新能力是党的十七大明确提出的一项重大任务，也是装备制造业发展的战略选择。在装备制造业发展过程中，如果不能根据新的情况及时和正确地推进技术创新、产业组织创新和体制机制创新，产业发展就会受到资源配置不合理的束缚。如果能够根据新的情况，及时和正确地推进技术创新、产业组织创新和体制机制创新，就会释放产业发展的潜能和空间。创新促进产业发展的机理在于，产业发展除了取决于要素投入数量以外，还取决于各种要素的质量和配置，主要是资源质量和配置方式能否顺应和满足需求的变化。如果能够通过创新提高要素质量和改善要素配置，促进高质量生产要素向效率更高的行业和企业转移，不仅有利于解决当前的困难和问题，也有利于为危机后的长远发展积蓄能量。

这次金融危机进一步警示我们要充分认识创新对于装备制造业发展的作用。金融危机对装备制造业的不利影响主要表现在两个方面：一是危机引起的经济增长趋缓，导致装备制造业市场需求萎缩，压缩了装备制造业的发展空间；二是危机引起金融环境恶化，导致装备制造业融资难度加大。金融危机导致装备制造业整体市场需求萎缩，但有竞争力的企业不仅可以利用这个机会扩大市场份额，而且可以利用这个机会获得更多贷款，取得更大的市场份额。这次危机中装备制造业受冲击较大的主要是一些缺乏创新能力、长期处于低附加值的分工环节、没有自己品牌和营销渠道的行业和企业。许多行业和企业由于处在快速扩张期，附加值低、缺乏核心竞争力等问题被快速增长的市场需求所掩盖，市场需求一萎缩将使其最先丧失生存能力。技术能力较强、在国际分工中处于有利地位、拥有自主品牌和营销渠道的企业，虽然经营状况也受到一些冲击，但由于原来核心竞争力较强、附加值较高，仍然能够维持一定的生存甚至发展能力。从这个角度看，不同企业在危机中保持增长的能力差别很大。如果企业不能通过创新提升自己的核心竞争力，改善产业分工地位，就很难摆脱在危机的海洋中被淹没的结局。

这次国际金融危机期间，发达国家纷纷采取措施保持和促进装备制造业发展，危机后我国装备制造业将面临更加激烈的竞争。这不仅要求装备制造业更加重视创新，而且要求处理好技术引进和自主创新的关系，选择与国情和产业特点相适应的创新方式。在全球化背景和可贸易条件下，装备制造业发展所需要的装备、技术和工艺基本可以通过国外引进和自主创新两条途径获得。自主创新和国外引进是一个问题的两个方面，二者之间具有很强的互补性。应该承认，国外引进可以在短时间内形成生产能力，迅速填补市场空白。但如果长期过多地依赖国外引进，国内企业将被迫停留在解决短期技术问题，难以维持一支具有较高技术水平、相对稳定的研发队伍，丧失从事关系产业和企业长期发展的基础、共性和关键技术研发能力，无法摆脱对国外技术的过度依赖。这就是为什么许多行业骨干企业的技术开发能力和配套技术水平低于世界知名公司，甚至长期得不到提高的一个原因。但是，通过自主创新获得所需技术有一个较长的培育和积累过程，有时来不及满足特定时期经济发展和工业规模快速扩张的需求。技术引进和消化吸收再创新是我国装备制造业一条重要的技术路径选择。

自主创新是以自身的研究开发为基础，主要通过自身的努力和研究产生新技术。自主创新并不限于研究开发的每一个技术环节都由自己承担，而是强调其中的核心技术或主导技术必须依靠自身力量独立研究开发获得。在提倡自主创新的同时，不能忽视技术引进的作用。坚持自主创新，必须充分利用对外开放的有利条件，处理好模仿性技术创新和原发性技术创新的关系，提高行业骨干企业从事原发性技术创新的能力，在更高的起点上推进自主创新。

模仿性技术创新主要依靠模仿、学习、破译已有的先进技术，原发性技术创新主要依靠自身能力掌握其他人没有掌握的先进技术。模仿性技术和原发性技术都有助于企业积累生产技术与管理方面的经验、技能和知识，建立与新产品生产相适应的核心能力，获得技术标准、产品成本、质量控制、制造工艺等方面的竞争优势。但模仿性技术创新所需的核心技术源于本国创新主体之外，具有外生性、被动性和跟随性，容易受到挤压和制约。原发性技术创新难度大、风险高、投入多，一旦成功就会取得领先地位，并利用领先取得的优势地位制约他人模仿和跟随，其对装备制造业发展的推动作用很大。我国装备制造业的产业规模和技术能力已经达到相当水平，一些领域开展原发创新的条件逐步成熟。应该积极引导具备条件的企业开展原发性技术创新，在更大程度上发挥原发创新在拓展产业成长空间、推动产业优化升级和催生新兴产业发展等方面的作用。

（三）组建大企业、大集团

装备制造业要求大中小企业合理组合、科学配置，建立以大企业为主导、中小企业参与的分工协作体系。这种组织方式对大型企业依赖程度较高。原因在于，大型企业在引领产业发展方向、改善产业分工协作方式、整合和凝聚研发资源、提高国际竞争力等方面，可以发挥中小企业不能发挥的作用。我国装备制造业面临的很多问题，例如研发投入低、工程集成能力低、关键技术和零部件依赖进口、低水平重复建设、市场分割等，都与缺乏大企业、大集团有很大关系。大企业主要有依靠自身积累、设立新企业和整合现有企业三个形成途径。依靠自身积累是任何企业都不能忽视的途径，设立新企业对于一些行业和地区形成骨干企业具有重要作用。但是，企业依靠自身积累成为大型骨干企业需要较长的时间，新设立的企业在技术、人才、经验等方面很难发挥骨干企业的作用。从实际情况看，我国装备制造业整合空间很大，有条件的行业和地区可以主要依靠兼并重组的方式，通过整合集成各类国有资本、融合国有资本和非国有资本，打造一批大企业和大集团。

深化产权制度改革，实现投资主体多元化，是组建大企业、大集团的重要途径之一。除极少数涉及国家安全等特殊领域的国有大企业实行国有独资外，通过国有资本与各类非国有资本和法人资本的相互持股，使多元投资的现代公司制成为装备制造业大型企业的主要组织形式。随着经济社会化、市场化趋势的发展，各类资本交叉持股、相互融合不可避免。在起步阶段，既可以变单一国有股东为多元国有法人股东，也可以引入非国有股东，变为国有控股或参股公司。在市场条件具备后，将国有绝对控股公司改革为国有相对控股公司、国有参股公司甚至国有资本完全退出的非国有公司，促进国有资本与非国有资本以及不同地区企业之间的相互渗透和融合，做大做强一批技术创新能力强、主业突出、持续盈利能力强的骨干企业群，使它们成为装备制造业结构调整、产业升级的骨干和依托。

当前产权重组重点是推动国有产权置换，实现中央和地方国有企业的相互持股，推进中央大型企业和地方重点企业的战略重组。我国许多省市区，主要是东北地区、长江三角洲地区、珠江三角洲地区、环渤海地区和中西部一些地区，均拥有一批装备制造业企业。其中的国有企业，除少数是中央企业以外，多数为地方企业。由于管理体制和产权分割的原因，中央企业和地方企业、地方企业之间的技术经济联系不多，应有的分工协作关系没有建立起来。通过产权置换，实现中央与地方企业之间的相互持股，可以克服股权划拨和地方缺乏积极性的问题。产权置换过程中，应该注意把政府推动力和市场配置资源的基础作用有机结合起来，与以资本为纽带的市场重组和投融资体制改革结合进行，注重改善产业分工协作关系，防止政府包办和片面强调市场作用两个倾向。通过产权置换，原来单一国有股东改变为中央和地方国资委或者中央企业和地方企业共同持有股权的公司，可以使中央和地方国有独资企业实现股权多元化，更好地发挥中央企业和地方企业在装备制造业发展中的整体作用。通过产权置换形成的大企业集团，其组织结构应以母子公司为主要形式。集团公司负责资本运作和重大决策，控股、参股子公司独立经营，形成既能驾驭各子公司，又可充分调动各方面积极性的母子公司体制。

（四）打造产业集群，发挥中小企业作用

产业集群是在特定区域生产同类产品的企业，以及为这些企业配套的上下游企业和相关服务业高密度地聚集在一起，通过专业化协作和分享规模经济、范围经济来提升产业竞争力的经济现象。其实质是相关企业在地理上的集中布局形成的专业化分工协作体系。作为现代产业组织创新和产业发展的新现象，产业集群是产业和企业获得长期利润和持续竞争优势的重要源泉。由于解决了个别大企业的单打独斗和中小企业一盘散沙的状态，改善了分工协作和配套条件，产业集群在装备制造业发展中有着旺盛的生命力。

在产业集群中，生产要素兼有集中和分散两种分布趋势。集中是生产要素越来越集中于行业龙头和骨干企业，龙头和骨干企业规模、影响力、带动力越来越大。分散是生产要素向与大企业有协作关系的中小型企业扩散，中小企业核心业务越来越清晰。通过这种集中和扩散效应，集群内逐步吸引和聚集如下几种类型的企业：一是核心企业，即从事生产主导产品的同类企业，这些企业一般规模较大，其产品可能是成套装备，也可能是集群内向外输出的关键零部件；二是上游的原材料、零部件、机器设备等专业化投入的制造企业或供应商；三是专用基础设施的供应者；四是研发、运输、金融、进出口等专业化服务提供者。这些企业聚集在一起，原来以"大而全"、"小而全"方式存在于一个企业内部的生产环节，可以分布在不同企业之间，每个企业只做一个部件，甚至一个部件的某个工序。

产业集群的形成，涉及产业布局、项目选择、分工协作关系等多方面因素。如果完全依靠企业自发选择将是一个漫长的过程。如果能够根

据区位条件和装备制造业发展规律，合理规划建设重点项目，就可以大大缩短产业集群形成的时间。根据国内外产业集群形成和成长的规律，我国装备制造业打造产业集群应该把握如下几个着力点：

首先，相关项目要集中布局。集中布局相关项目，可以使企业近距离完成原料加工、零配件、中间产品、最终产品的生产协作过程，既有利于改善产业分工协作体系，也便于共用"三废"处理、水、电、路、通信服务等公共基础设施，是国内外产业集群发展的成功经验。在我国，装备制造业集中布局应该与园区建设结合起来，充分发挥园区"集中配套、集中生产、集中污染、集中治理"的作用。

其次，发挥好行业龙头企业和中小企业各自的作用。在集群形成中，行业龙头企业和专业化协作企业相互依赖、相互促进。由于行业龙头企业在规模和竞争力上具有很大影响，更容易吸引相关配套企业，对于集群的形成和成长带动作用更大。但是，做大龙头企业并不意味着可以忽视中小企业的作用。在装备制造业中，发展中小企业有利于优化产业分工与协作体系，降低研发、生产、采购、库存等方面的协作成本，提高产业集群的效率。

最后，集群内部必须保持足够的竞争活力。竞争如同一个筛选过程，它使低效率企业失去市场，进而对厂商行为、产业绩效、用户利益和配置效率产生积极影响。在竞争性市场，企业可以在各个供给者之间进行选择，这就迫使企业降低成本或进行创新，并通过降低产品或服务的价格将利益传递给客户。如果产业集群内维持一对一的垄断，企业就不必担心在价格上涨或质量下降时客户流失，更不必为了占领新的市场和满足新的需求开发新产品或新服务。只有采取措施保持产业集群的可竞争性，避免一些环节因为企业数量过少出现垄断弊病，集群总体绩效才能得到提升。保持集群竞争活力的主要途径是：对技术含量较高、零部件较多、价值量较大的产品，不止有一个主机厂、总装厂，而是几个厂在同一区域；为其配套的零部件供应商也不止有一家，而是若干家；一个零部件厂同时给多个主机厂配套，更容易达到规模经济要求，更有利于降低单位产品成本。

（五）实现装备制造业和服务业的融合

最近八九年以来，世界制造业占 GDP 的比重稳定在 18%左右。其中，发达国家接近 17%，发展中国家在 21%左右。例如，制造业占 GDP 的比重，美国约为 15%，德国、日本、韩国和中国分别在 21.7%、21.7%、28.9%和 34.1%左右。由于服务业占 GDP 的 3/4，一些人一度认为美国现在是服务经济为主，制造业已是夕阳产业，无关紧要。这样的意见越来越受到质疑。美国朝野各方人士反复强调，制造业是基础，是带动服务业增长的重要因素，服务业不可能完全替代制造业。富有活力和具有前途的经济必然是服务经济和制造经济的结合。原因在于服务业几乎总是使用制造业产品并服务于制造业，依赖制造业而存在。有研究表明，美国制造业每 1 美元的最终需求，用在制造业的为 0.55 美元，用在服务业的达 0.45 美元。这次金融危机中美国对大型金融机构采取了救助行动，其主要目的之一就是避免金融机构倒闭给实体经济造成更大冲击。为避免大型汽车制造企业倒闭，美国还直接救助通用汽车公司。美国政府的经济刺激计划和干预经济的措施越来越向同制造业相关的领域延伸。这不能不促使我们正确认识装备制造业与服务业的关系，实现装备制造业和服务业的融合。两者可以融合与促进的机理在于，装备制造业生产过程是一种扩展的劳动过程，即由直接的车间劳动延伸到如市场调研、研发、设计、采购、产品检测、市场营销、现场安装和售后服务等扩展过程。现代装备制造业已经不再依靠简单劳动和体力劳动为主要投入方式，而是以复杂劳动和人力资本为主要投入方式，劳动分工向减少和减轻体力劳动的方向发展，企业中管理人员、技术人员和营销人员可以多于一线的劳动工人。可见，服务活动已经成为装备制造业全过程日趋重要的组成部分，而不是独立的、与装备制造生产无关的经济活动。

从企业生产过程来考察，服务业与装备制造业之间有分离与融合两种趋势。有些企业随着专业化和分工化的发展，将服务业逐步从装备制造企业中独立出来，制造企业自身不再从事研发、运输、营销、信息等服务工作，而是从外部来购买这些服务。有些企业随着规模扩大和业务领域调整，自身逐步开展与制造相关的服务业。国内外不少大企业，除了从事装备制造以外，还十分重视发展研发、设计、检测、现场安装、成套能力等相关服务业。经济学一般把某种经济活动被纳入企业组织内部的情形称为这一活动的"内部化"，而把与之相反的过程，即某种经济活动脱离企业内部而独立进行的过程称为"外部化"。我国装备制造业经过半个世纪的发展和最近一轮大规模技术改造，已形成了很强的单机制造能力，但普遍缺乏系统设计、系统成套、工程总承包的能力。这不仅使装备制造业企业在承接订单上处于被动地位，而且损失了大部分附加价值。依托重大工程，实现装备制造业与服务业的融合，是解决这个问题的一个重要方向。为此，应该围绕国家重大建设工程，以及重大技术的引进、消化、吸收和创新，打造一批跨越用户和制造商，集系统设计、系统集成、工程总承包和全过程服务为一体的企业集团。

（与刘戒骄合作，原载《理论前沿》2009 年第 23 期）

三、提高自主创新能力是振兴沈阳装备制造业的关键

作为新中国工业化的先行地区和国家装备制造业的重要基地，沈阳为我国形成独立、完整的工业体系和国民经济体系，为改革开放和现代化建设做出了历史性贡献。随着产业结构升级与经济持续增长，以及国家振兴东北等老工业基地战略的实施，经过大规模的技术改造，特别是一批高起点、高水平项目的建设，沈阳装备制造业已经走出低谷，产业优势得到恢复和加强，总体规模和技术水平实现了新的飞跃。包括沈阳在内的东北老工业基地正处于现代化发展的关键时期，经济结构转换、产业优化升级离不开自主创新能力的积累与增强。更为重要的是，经济结构转换、产业结构优化升级以及经济整体竞争力的提升也为包括自主创新在内的技术进步创造了前所未有的机会。

（一）提高沈阳装备制造业自主创新能力的战略意义

在沈阳装备产业正处于技术引进、消化吸收向自主创新转变的关键阶段，沈阳装备制造业和工业能否在较短时间内振兴，在很大程度上取决于沈阳产业发展模式的转变，而产业发展模式转变的关键，在于依靠技术创新，尽快实现装备制造业的升级改造和高新技术产业的快速、高质量成长。沈阳装备制造业的振兴进程，在很大程度上取决于如何克服

核心技术和重大装备受制于人的窘境。建立以企业为主体的、符合地区产业特点的自主创新体系是解决这一问题的重要措施。

增强自主创新能力是推动装备制造产业结构调整和产品结构优化升级的中心环节。在经济全球化的趋势下，一个产业能否在激烈的国际竞争中保持优势，已越来越取决于科技进步的速度与自主创新的能力。随着技术变革步伐的加快，新一代技术的发明和应用周期，即产品设计和销售的周期，即从构思、发明到创新和被仿制的时间间隔日益缩短。因此，在竞争者能仿制之前，新产品必须快速占领市场。这就需要基于沈阳现有科技资源优势，构建装备制造产业技术创新体系，强化自主创新能力，抢占未来竞争制高点，这是振兴沈阳装备制造业的关键之所在。

增强自主创新能力是实现装备制造产业成长模式转变的根本出路。实现产业成长方式转变，就是实现经济增长方式向资源节约型、人与自然和谐相处的集约型经济增长方式转变。这种趋势是许多地区产业成长和经济发展的客观要求和必然选择。实现产业成长模式转换，必须实现从简单、初级生产要素堆积型增长模式向生产要素升级、制度（包括机制和体制）和技术两重创新的集约式增长路径过渡。最终，在产业价值链上，实现从低附加值、低端产业分工、短链条的资源支持型产业成长模式，向高附加值、高端产业分工、长链条的创新主导型产业发展阶段的跃升，构造出基于分工优势的、开放的、有竞争力的区域产业生产与协作体系，这才是沈阳现代装备制造业发展的现实选择。

良好的产业技术积累，将为沈阳装备制造业的自主创新之路提供必要的技术基础。与国内其他装备制造基地相比，沈阳市装备制造业门类齐全，有长期从事装备制造业的雄厚基础，有一支素质较高、规模宏大的经营者队伍、科研队伍和技术工人队伍，具备加快发展的有利条件。沈阳拥有八个国家级先进制造技术研究和工程中心，机床、变压器、鼓风机等十个国家级行业研究所或产品检测中心，沈阳掌握一批重要装备的核心或关键技术，一批重大装备的设计、生产能力在国内占领先地位。

此外，装备制造业自主创新能力的培育与强化，也将对沈阳市产业技术体系的完善，以及其他产业成长模式转变和经济增长方式转变等发挥一定的示范与带动效应。

（二）沈阳装备制造业自主创新面临的主要问题

近些年，尽管沈阳装备制造业发展迅速，市场表现良好，但是长期制约包括沈阳在内的东北老工业基地改造与振兴的体制性、机制性矛盾尚未从根本上消除。就装备制造业的技术创新体系而言，主要存在以下问题：

第一，装备制造技术基础薄弱。设计技术、可靠性技术、制造工艺流程、基础材料、基础机械零部件和电子元器件、标准体系等发展滞后，中国的机床工业水平与世界发达国家机床工业的技术差距为十年左右。

第二，企业创新投入不足。与发达地区相比，沈阳的企业尚未真正成为创新主体。目前，深圳有科技型企业 3 万多家，而沈阳市仅为 3900 家，为深圳的 13%；深圳 90% 以上的研发机构、研发人员、研发投资、职务发明专利来自企业，而沈阳市仅有 36% 的研发机构设在企业，19.7% 的研发人员集中在企业，40% 的研发投入来源于企业，47.6% 的职务发明专利出自企业。大多数企业，包括一部分高新技术企业的 R&D 强度低于 1%，这种低水平的 R&D 投入难以为企业持续发展提供可靠的技术基础。

第三，创新型人才短缺。人才短缺也是沈阳装备制造业技术创新体系的一个薄弱环节。沈阳装备制造业企业现有职工 35 万人，其中技术工人只占 23%，技术岗位上初级技工占 60%，中级技工占 35%，高级技工占 5%，技工储备严重不足。沈阳市政协委员、市科协副主席王运升指出，未来五年，沈阳市工业高级技能人才缺口将达 40 万人次。装备制造业在很大程度上是以传统的成熟技术为基础的，它的技术进步主要取决于"干中学"和"用中学"，大多数创新属于渐进性的技术改造。没有大量的高素质的人才储备，这种创新的学习效应就无法得到充分释放，也就无法转换为企业、产业的核心竞争力。

第四，面向市场的产学研合作体制尚不完善。许多企业与科研机构和高等院校的技术合作，基本上是项目导向的低层次、临时性科研委托—被委托关系，难以形成持续的技术积累。

第五，区域、部门协调难度大。装备制造业涉及的国民经济部门、区域比较多，如果没有一个充分协作的、畅通的合作机制，就难以将分散的科技资源有效地整合起来，一方面会造成科技资源要素的低效率配置，另一方面不利于形成区域整体竞争力。

（三）建设沈阳装备制造业的自主创新技术体系

立足产业基础和技术条件，构建沈阳装备制造产业技术创新体系，是沈阳区域创新体系构建的重点，也是沈阳新型装备制造基地建设的重点内容之一。即围绕沈阳重点产业，进一步整合优化科技资源，促进科技和经济社会发展紧密结合，建立以市场为导向、企业为主体、高等院校和科研院所为依托、技术市场和中介组织为纽带的开放型应用技术创新体制。最终形成科技创新与经济发展协调与互动的机制，实现从注重引进、跟踪模仿向以自主创新为主转变，打破地区和行业界限，逐步由单一的设备制造向成套设备制造方向发展，实现从注重单项技术突破向注重集成创新方向的转变，实现技术优势向产业优势的转变，促进科技成果转化和产业化，提高行业的国际竞争力和企业的核心竞争力。

第一，从战略上重视技术创新。目前，科技进步和创新已成为经济社会发展的首要推动力量，自主创新能力正在成为调整经济结构、转变增长方式、提高产业国家竞争力的中心环节。在这种宏观背景下，产业竞争优势，特别是装备制造等战略性产业的竞争优势，将主要来自于技术积累与知识创造的技术创新能力。因此，沈阳装备制造产业发展需要转变战略思路：其一，促使产业成长的动力由简单、初级生产要素堆积型增长模式向生产要素升级、制度（包括机制和体制）和技术双重创新的集约式增长路径过渡。其二，将自主创新能力培育与强化作为装备制造业竞争力提升的关键环节，正确处理外资进入、技术引进与自主创新的关系，"不应该片面强调引进外资多少，合资企业多少，热衷于搞招商引资，热衷于嫁接，恰恰不关心是否得到了核心技术，是否在合作过程中培养了自己的创新能力"。其三，彻底改变各级领导部门普遍存在的"说起来重要，做起来次要，干起来不重要"的现象，切实贯彻"科学技术是第一生产力"战略思想。在技术选择上，实现从被动引进、模仿的单项技术应用型向主动消化、学习创造的集成技术创新型转变，为沈阳、辽宁产业优化升级提供完善的、适宜的技术结构和支撑。

第二，将创新政策与产业政策、区域政策相结合，构建沈阳装备制造业创新的政策体系。截至目前，沈阳制定和实施了《沈阳市民营科技企业促进条例》、《沈阳市科技进步条例》等五部地方科技法规和40多项配套政策。从总体上看，这些政策几乎涉及了科技创新的各个层面，其中2000年之前的科技政策主要集中在了科技进步、科技投入、高新技术产业发展、技术交易等几个方面，这些政策基本上是规划、指导与促进科技创新的大框架，属于方向性政策。近几年，沈阳市创新政策的一个显著特点是开始在框架性的方向政策基础上，强化政府对科技资源的管理、知识产权保护等。这些政策标志着沈阳科技创新的政策体系已经初步建立。但是，如何将创新政策与产业政策、区域政策等结合，构建有助于沈阳装备制造业竞争优势创造与释放的新政策体系，将是创新型沈阳建设的重要内容。例如，充分利用财政、金融、税收等政策手段，激励与引导大型企业建立研发机构，发挥技术开发中心、工程技术中心作用，支持大型企业技术中心向社会开放。全面贯彻落实《中小企业促进法》，支持创办各种形式的中小企业，充分发挥中小企业技术创新的活力。沈阳市政府每年从技术改造资金、科技三项费用等专项资金中，安排不低于一定比例的资金，对高新技术成果转化项目和产学研联合实施项目给予贴息、资本金注入及科研开发补助拨款等支持。

第三，选择重点领域，促进关键技术的突破性创新。推进沈阳装备制造业跨越式发展，建设现代装备制造基地，要围绕重点领域，有所为有所不为，组织实施一批带动性强、示范效应大的引导性科技项目，瞄准世界先进水平，突破一批关键核心技术，促进企业产品升级，提高装备制造企业竞争力。"十一五"时期及未来一段时间，沈阳装备制造业将面临新的战略性的需求。面对资源短缺及生态环境恶化的严峻局面，必须依靠科技进步，大力发展资源节约型和环境友好型制造业。结合现有产业与技术基础，沈阳装备制造产业可以围绕高档数控机床及数控系统、机器人及自动化生产线、高效节能汽车及关键零部件设计制造技术、重型燃气轮机设计制造技术、冶金矿山设备设计制造及成套技术、绿色制造技术及再制造技术、制造业信息化等开展重点研发、攻关，同时加大产业共性技术研发与推广，普遍提高产业总体技术水平，促进沈阳装备制造产业加速由简单加工、装配基地向有竞争力的制造基地和创新基地转变，掌握市场竞争的主动权。同时积极推进高新技术的产业化，培育新型产业群，发展从制造业延伸而形成的现代制造服务业，提供更多的就业岗位。

第四，争取优先部署、承接国家重大科技项目。国家重大项目因其战略性、牵动性和示范性很强，一直是发达国家和地区促进重大科技发展的战略举措。20世纪90年代以来，一些后起国家和地区也将该类项目的组织实施作为实现重大技术攻关和关键技术跨越式发展的重要手段。能够承接这类项目，不仅需要一定的技术基础和较好的产业配套体系，更需要高效、开放的组织与协调。所以，承接这类项目对于地方而言，不仅是实现关键技术突破的有利时机，也是围绕关键技术形成新兴产业体系或者更新原有技术体系的一个有利时机，更是以新组织模式促进科技—经济结合，将潜在生产力转变为显在生产力的重要契机，从而在重大科技项目的组织实施过程中，实现国家利益与地方利益、科技利益与经济利益的高度统一。凭借其坚实的产业基础和丰富的科技资源，通过承接或协作国家重大科技项目，沈阳装备制造业将实现"从研究中学习，从设计中学习，从试制中学习，从生产中学习，从配套中学习"，对于提升沈阳装备制造业总体技术水平和完善产业技术体系至关重要，也将为"装备中国"、"强大中国"奠定坚实的物质技术基础。为此，可以依托沈阳，借助"大沈阳"战略，积极部署一些国家重大科技项目的攻关研究和前期研究，争取在承接国家重大科技项目方面获得更大进展。

第五，建立大沈阳区域—产业创新体系合作机制。近些年，国内外发达地区的一个重要经验就是，一个区域的竞争力有赖于良好的制度环境，特别是超越行政区划的基于经济发展的区域协作具有不可替代的作用。区域经济高度协作、合作与融合，已经成为许多地区经济发展和科技进步的不可或缺的关键要素。其一，建立完善沈阳装备制造业产业技术体系。在区域产业创新体系建设中，按照政府、科研机构、高等院校、企业等创新主体的功能分工，合理配置科技资源，形成高效的产业技术体系，是提高产业竞争力的关键。装备制造业产业技术体系建设，需要科技、经济等多个政府部门共同努力，加强政府各部门的横向协同，促进组织协调、计划衔接、资源配置、目标落实等工作。其二，发挥中部城市群优势，建立大沈阳区域创新体系合作机制。依托沈阳周边发达的现代交通运输网，把抚顺、辽阳、鞍山等地的地理区位优势和产业优势，转化为"大沈阳"经济区的经济优势。其三，打破城市行政区划，建设合作的、统一的、资源集成的区域创新体系。其四，大力推进城际间的企业重组和产业整合，提高产业集中度和市场竞争力，不断增强企业的规模实力和整体水平，同时促进与这些产业组织结构优化相适应的创新组织。例如建立跨城市的研发中心、产业共性技术研发中心、区域科技成果转化和产业化平台等。其五，通过设立沈阳市创业投资引导资金，加强创业与管理服务等方式，大力推动沈阳市中小型科技创新能力建设，完善区域产业创新环节。此外，完善配套政策体系和市场环境，引导企业提高运用、管理和保护知识产权的能力，建立区域知识产权创造、保护与管理的共同体系。

参考文献

[1][澳]C.A.蒂斯德尔.科技政策研究 [M].黄嘉平，王宝琛译.北京：中国展望出版社，1985.

[2]佟跻权.2005年辽宁省国民经济和社会发展报告 [M].沈阳：辽宁人民出版社，2005.

[3]李戈军.辽宁老工业基地振兴之路 [M].沈阳：辽海出版社，2005.

[4]佟跻权，李戈军.辽宁省"十一五"发展战略研究 [M].沈阳：辽宁教育出版社，2005.

[5]王伟光.自主创新、产业发展与公共政策[M].北京：经济管理出版社，2006.

[6]王伟光，吉国秀.沈阳装备制造产业自主创新模式选择与支撑政策研究[J].中国科技论坛，2007（6）.

（与王伟光、刘戒骄合作，原载《沈阳师范大学学报》

（社会科学版）2007年第6期）

四、构建沈阳装备制造业振兴的保障机制

　　沈阳是以重大型成套装备为特色的我国大型装备制造基地，为中国工业现代化进程做出了重要的历史性贡献。目前，沈阳装备制造业已形成了市属企业、中省直企业、外资企业、民营企业和配套企业五大支撑力量共同发展的产业布局与分工协作体系。作为经济发展的重要支撑性产业，装备制造业带动了沈阳国民经济的快速发展。近些年沈阳装备制造企业发展很快，但是，与其他发达地区相比，沈阳装备制造业还面临一些问题。许多企业还处于国际装备制造业价值链的低端，没有形成一批具有高附加值、高竞争力的国际大型企业。装备制造业的整体工艺装备水平较低，自主创新能力较弱，难以为产品升级和高利润攫取提供技术保障。此外，计划经济体制时期形成的条块分割，使不同部门之间企业合作难度较大，企业之间的协作水平低，导致产业成套配套能力较差。这些问题是制约沈阳装备制造企业跨越式发展的主要障碍。技术创新、产业集群、结构变革等是促进沈阳装备制造业振兴的重要保障机制。

（一）培育技术创新能力，推进沈阳装备制造业结构升级

　　制造是技术"物化"为产品的最后一道关口，它包括产品设计、材料筛选、工艺设计、生产加工、质量检验与控制、生产过程管理等产品

寿命周期内从设计到成品阶段的一系列相互联系的活动。产业革命以来的经济发展史表明，技术创新是制造业结构转型和升级的基础。技术创新既能改变企业市场竞争地位，又能使企业率先进入更高层次的技术创新活动。提升沈阳装备制造业技术创新能力的两个关键点是学习能力建设和广泛采用先进制造技术。

（1）从学习能力建设入手，构筑以行业骨干企业为主体的技术创新体系。市场经济体制下，企业不仅是技术需求者，而且是技术创新的主体和技术发展的引领者。技术难题多是企业首先接触，技术需求也是企业最清楚。科技支撑只有从学习能力建设入手，激活创新源头，构建以市场为基础、以大项目大工程为载体、以骨干企业为主体、以科研机构相支撑的产学研互动的技术研究与开发机制，才能解决长期存在的科技力量游离于经济建设主战场之外、科技和经济"两张皮"的问题，形成从基础研究、应用研究、技术开发到科技成果产业化的技术创新体系。一是争取国家政策支持，包括资本金投入、融资便利、税收减免和加速折旧，提高企业筹集资金的能力，激发企业科技投入的内在动力，鼓励达到一定规模以上的企业全面建立研发中心，支持骨干企业扩大和加强研发中心，创办国家级技术中心。二是建立由行业骨干企业牵头从事应用技术研究的机制，引导和支持大学、研究院所围绕沈阳装备制造业的优势领域和骨干企业开展科技创新活动，改变项目研究与企业需求相脱节的状况，使大学、研究院所成为产业技术体系的有效组成部分，使大学、研究院所在以企业为创新主体的技术创新体系中发挥中坚作用。三是加强具有自主知识产权和自主品牌产品的技术研究开发，加大优势领域开发力度，力争取得一大批市场广阔、效益好、拥有自主知识产权的高新技术成果等。

（2）广泛采用先进制造技术，提高应对市场的快速反应能力。先进制造技术一般包括先进制造系统管理技术群、面向制造的工业设计技术群、物料处理方法和设备技术群以及支撑技术群，相互之间有大量的信息交换，并形成许多单元技术和发展热点。先进制造技术要求依托信息技术为核心的管理技术，将先进制造技术与生产经营方式相结合，对企业体制、生产组织、经营管理、技术系统的形态和运作进行整合，实现技术、组织、人力三大资源的系统集成，构筑起现代制造模式。目前，工业发达国家十分注重开发快速而有效的信息交换方式，提高企业生产经营活动的智能化，把制造业自动化的概念更新并扩展到集成化和智能化的高度。制造技术也因此由传统意义上的单纯机械加工技术，转变为集机械、电子、材料、信息和管理等诸多技术于一体的先进制造技术，行业领先企业普遍采用精益思维、柔性制造、敏捷制造、计算机集成制造、并行工程、供应链管理等现代制造技术。但是，沈阳相当一部分企业甚至部分骨干企业，仍然沿用传统方式处理信息，在产品设计、制造、物流、营销环节，信息化应用程度和制造技术水平较低，对市场需求进行快速反应能力差，不适应现代制造业发展的方向和要求。

（二）发展中场产业，提高成套能力，推进产业组织创新

产业集群创新是现代经济的显著特征和发展趋势，成为一个产业能否持久领先的决定性因素，其核心是大中小企业的规模结构和它们之间的相互关系结构创新。企业间相互关系结构涉及两个方面的问题：一是规模经济，二是适度竞争。在经济发展中，企业组织一般朝着集中和分散两方面成长。一是生产趋向集中化，即生产要素越来越集中于专业化大型企业；二是生产趋向分散化，即生产要素向与大企业有协作关系的中小型企业扩散。通过这种关联作用，龙头企业、为龙头企业配套的零

部件企业以及为上述两类企业提供服务的其他企业，形成密切的专业化分工协作关系，大幅度降低生产与交易成本。总体看来，沈阳装备制造业经过重组已经形成一批大型企业集团，产业集中度较高。但是，沈阳装备制造业的社会专业化分工水平较低，为装备制造业主导企业配套的元器件、零配件企业成长缓慢，区域内大中小企业之间、各类开发区和工业园区之间的分工协作体系没有形成。由于缺乏充分的社会化协作条件，企业内部的资产利用效率低，在研发、生产、采购、库存等方面的协作成本较高，不利于企业的规模化和成套化生产。

（1）大力发展中场产业，促进装备制造业的专业化协作。产业集群是制造业的显著特征和发展趋势。沈阳装备制造业能否变"企业集中"为"产业集群"，不仅要求大力培育一批具有系统设计和工程总承包能力的大供应商，而且要求与之配套的中场产业。沈阳应按照专业化分工协作和规模经济原则，在"抓大做强"和"放小扶小"两方面同时努力，鼓励中小企业与大企业和企业集团建立长期稳定的合作关系，逐步形成以大企业为主导，大中小企业合理分工、有机联系、协调发展的企业组织新格局。重组后的大型企业集团要彻底改变大而全的组织结构，上中下游产品优先考虑委托配套企业生产，以便集中力量做精做强主导产品。沈阳应以优势产业为纽带，以大型企业为龙头，以园区建设为载体，加强制造业的分工与协作，大幅度地降低研发、采购、仓储、生产、加工和营销成本。重点行业和骨干企业按照专业化协作原则，根据产品各自的加工特点和工序，进一步细化产业内部分工协作。通过政策引导和市场驱动塑造产业集群优势，建设世界性的零部件、元器件制造与供应基地。

（2）把规划建设沈西工业走廊，作为加快产业集群发展的一个战略突破口。以园区为载体的产业集群的形成，虽有地理环境、区位特点、现有基础的影响，但同样重要的是政府的规划和政策引导。沈阳应把规划建设沈西工业走廊，作为加快产业集群发展的一个战略突破口。沈西工业走廊规划应具有战略性和长期指导作用，应体现市场导向和政府引导原则，高标准地做好产业园区基础设施建设和近、中、远期规划的衔接，明确重点发展产业中的主导产品、主要企业以及配套产品和企业，同步规划配套的研发中心、质量检测中心、职业培训中心、物流中心等功能设施，增强园区内企业之间业务和技术关联程度，努力使产业园区成为产业高度集聚的平台、产业快速发展的有效载体、产业区域化发展的龙头。采取多重措施，组织和引导核心企业和协作配套企业、相关机构进入园区集聚连片发展。

（3）把政府推动和市场拉动结合起来，全面提高沈阳重大装备成套能力。重大装备通常以成套的形式实现其功能，为用户提供全面解决方案的"交钥匙工程"，已经成为装备制造业发展的重要趋势。重大装备成套能力的高低，在一定程度上反映出国家装备制造业的水平。沈阳装备制造业经过半个世纪的发展和最近一轮大规模技术改造，已形成了很强的单机制造能力，但普遍缺乏系统设计、系统成套、工程总承包的能力。这不仅使沈阳装备制造业企业在承接订单上处于被动地位，而且损失了大部分附加价值。为此，应该把政府推动和市场拉动结合起来，围绕产业结构调整和国家重点建设工程，以及重大技术的引进消化吸收和创新，扶植一批工程公司或装备总承包商，打造一批跨越用户和制造商，集系统设计、系统集成、工程总承包和全程服务为一体的企业。组织重点行业企业和用户共同研究确定未来一定时期内重点发展的产品目录。对于目录内的产品，采取切实可行的扶持措施。同时，打破行政区划限制，着力培育具有工程总承包能力的工程公司。

（三）全面推进体制机制创新，增强沈阳制造业内生发展能力

自亚当·斯密以来，经济学家就不断探索经济增长的原因、经济增长的内在机制及经济增长的途径，经济增长理论经历了一条由"物"到"人"，由外生增长到内生增长的演进过程。内生增长理论将体制、机制、知识、人力资本视为经济长期增长的决定因素，强调制度和知识在经济发展中发挥着日益重要的作用。

体制机制创新是振兴"沈阳制造"中一个带有根本性、全局性和挑战性的战略问题。沈阳装备制造业体制机制创新的核心是推进国有企业改组改造和企业治理创新，具体包括宏观和微观两个层面。在宏观层面上，是全面优化国有经济布局和国有产权配置，大力发展混合所有制经济，建立健全产权交易机制，改善各种经济成分发展的政策环境；在微观层面上，是理顺国资委、董事会和经营层之间的关系，建立和完善董事会聘任经营者的制度，在国有及国有控股企业普遍形成权责明确、各司其职、有效制衡的法人治理结构。

（1）坚持"少而精、大而强"的原则，制定本地区国有经济布局调整的规划和政策。沈阳国有经济布局和结构调整已经进入关键阶段。只有坚持"少而精、大而强"的原则，从行业和企业两个层面建立国有资本有进有退的动态调整机制，才能搞好国有经济的战略调整，才能发挥国有经济在关键领域、重要行业和骨干企业中的作用。即使是国有资本必须进入的领域，也要在国有资本完成其特殊使命后通过市场化方式及时退出，实现国有经济的动态管理。一般来讲，当这些领域和行业逐渐成熟，法律法规逐步完善，政府即可以调减或缩小直接投资，通过国有

相对控股和参股实现国家政策目标。只有这样，才能优化国有经济布局，既充分利用国有资本，又可以吸引大量非国有资本进入竞争性领域开展有序竞争，增强整体经济的活力和市场竞争力。一方面，采取得力措施，有计划地促进国有资本从一般竞争性产业和非行业骨干企业中退出。不仅要建立进入、退出机制，加快退出速度，加大退出力度，而且要制定国有经济布局调整的规划和政策，明确国有经济必须经营的产业领域和控制程度（明确参股、相对控股还是绝对控股），以此引导国有经济布局的调整。另一方面，打破均衡使用政策资源的常规，做大做强国有资本必须控制和经营的产业领域。新增国有资本应当集中进入关系国计民生的能源、原材料和装备制造业等先导性、基础性和战略性产业中的骨干企业。重点支持行业骨干企业，不仅有利于巩固国有经济的主导地位，而且有利于适应世界产业结构跨国调整的趋势，为全面提升沈阳装备制造业竞争力创造条件。

（2）通过股权置换，实现中央和东北地方国有企业的相互持股，推进沈阳装备制造业重点企业的战略改组。随着经济社会化、市场化趋势的发展，各类资本交叉持股、相互融合不可避免。国有企业改革的起步阶段，既可以变单一国有股东为多元国有法人股东，也可以引入非国有股东，变为国有控股或参股公司。在市场条件具备后，将国有绝对控股公司改革为国有相对控股公司、国有参股公司甚至国有资本完全退出的非国有公司，彻底解决国有股权过分集中的问题，促进国有资本与非国有资本以及东北三省企业之间的相互渗透和融合。沈阳及周边地区集中了一批在国际上有一定知名度、在全国同行业中有较强竞争力、在区域经济发展中有较强带动作用的，以能源、原材料、装备制造为主的中央企业。这些中央企业总体上具有素质高、规模大、潜力足、前景广的特点，但同样面临着从国有独资公司、国有绝对控股公司向国有相对控股公司转变，发展混合所有制经济，实现产权多元化的任务。中央与地方企业之间的股权置换应该以战略并购和强强并购为主要形式。战略并购和强强并购是培育实力雄厚、竞争力强的大公司和企业集团的重要方式。股权置换过程中，应该注意把政府第一推动力和市场配置资源的基础作用有机结合起来，与以资本为纽带的市场重组和投融资体制改革结合进行，注重产业组织结构和产品结构的优化，防止政府包办和片面强调市场作用两个倾向。通过产权置换，原来单一国有股东改变为中央和地方国资委或者中央企业和地方企业共同持有股权的公司，可以使中央和地方国有独资企业实现股权多元化，更好地发挥中央企业和地方企业在沈阳经济发展中的整体作用。沈阳应该以国有资产管理体制改革和股权置换为契机，进一步理顺国有企业与国有资产管理部门的关系。

（3）通过纵向延伸产业链和横向兼并收购，使优势企业扩大核心业务规模，打造一批在全国具有竞争优势的大企业和企业集团。大企业、大集团正在以其大规模生产的成本优势、巨大投入的技术开发优势、营销网络遍布全球的销售优势成为竞争的主导者，成为一个国家或一个地区经济实力的体现和象征。沈阳装备制造业正经历着由粗放经营向集约经营的转变。在这一转变过程中，生产方式和组织形式必须适应当今科技进步、经济全球化、市场竞争特点的需要，走以大品牌支持大企业、大集团，以大企业、大集团支撑支柱产业，以支柱产业支撑区域经济发展的路子。实施大企业、大集团战略，首先是采取灵活多样的方式，引导优势企业、优质资产、优秀人才向大集团集中，做大做强一批技术创新能力强、主业突出、持续盈利能力强的骨干企业群，使它们成为地区结构调整、产业升级的骨干和依托。同时，按照专业化协作原则，以市场化重组或行政划拨方式，将中小企业的国有产权纳入国有骨干企业或集团公司。这方面，外部投资者特别是战略投资者在沈阳大型国有企业公司制改造中起着十分重要的作用。外部投资者可以改变国有股权过于集中的问题，也能够带来新的管理思想与管理模式，并有助于缓解国有企业资金紧张的状况。

（4）强化吸引和激励人才的机制，实施振兴沈阳装备制造业的人才战略。对于装备制造业而言，人力资源是最重要的生产要素，是具有特殊意义的重要资产。一定质量和数量的专业人员是装备制造业产品技术水平的重要载体和基本标志。技术进步带来的巨大收益和企业对人才的激烈争夺，推动着专业人员薪酬的持续上扬和人才流动。各地区都在通过种种手段吸引人才。经过多年改革，劳动力市场流动性明显增强，技术和经营人才越来越倾向于在能发挥其独创性的企业从事工作。沈阳目前的人事劳动制度滞后于社会经济发展需求，用人机制还不适应发展的要求，必须采取以下措施改革人事劳动制度。一是认真落实劳动资本技术和管理等生产要素按贡献分配的原则，充分发挥劳动、知识和人才促进生产力发展的作用，切实保护知识产权和智力劳动的成果，积极探索鼓励技术人员以技术参股来促进技术成果的产业化，在分配制度上保证技术拥有者、企业经营者和高层企管人员能够取得与其贡献相匹配的报酬，逐步形成促进科技创新和创业的资本运作和人才会集机制。二是通过组织实施重大技术攻关项目等手段，培养和引进一批重要技术领域的拔尖人才和学术带头人，培养各个领域具有国际水准、国际视野的技术创新团队。三是采取"一揽子"措施改善创业环境。制定吸引国内外科技专家、企业家参与技术研究、产品开发和企业创业的优惠政策，形成开放、流动、人尽其才的用人机制。资助国内技术人员与国外技术人员多层次的交流，吸引国外留学人员和海外技术人员到沈阳工作。

（四）防止垄断性并购，促进竞争秩序创新

并购既有实现规模经济的积极作用，也有限制竞争的负面效应，并对消费者和其他企业产生影响。横向的、纵向的或混合型的企业合并后，原来存在于企业之间的竞争或不复存在，或受到阻碍和影响；同时相关市场的潜在竞争或被消除，或受到不利影响；其他企业进入相关市场的可能性受到限制。与卡特尔不同，企业合并综合效应比较复杂。企业之间的合并可能实现规模经济，也可能使合并后的企业拥有更大的控制和独占市场的权利，增强企业控制价格、提高价格的能力，从而损害消费者的利益。

原则上，防止垄断性并购并非专门针对跨国公司，但一些外商在我国的兼并明显地以垄断细分市场甚至整个行业为目的，具有限制竞争和反竞争的效应。《外国投资者并购境内企业暂行规定》（2003 年）规定，外国投资者并购境内企业应遵守中国的法律、行政法规和部门规章，遵循公平合理、等价有偿、诚实信用的原则，不得造成过度集中、排除或限制竞争，不得扰乱社会经济秩序和损害社会公共利益。从一些案例看，外商并购虽然有利于实现规模经济，但由于我国没有反垄断法，对吞并和排挤竞争对手、兼并后市场份额过于集中等问题没有有效的制约机制。

由于垄断的危害，各国普遍对可能导致垄断的并购活动进行管制，控制企业合并是各国反垄断法的核心问题。沈阳在装备制造业各主要行业都形成了一批骨干企业，这些企业是国家多年投资和行业努力的结晶，是我国工业和科技自主发展、追赶国际先进水平的基础，也是遏制一些跨国公司实施技术垄断、抬高产品价格的积极力量。跨国企业在技

术和品牌上具有较大优势，更容易营造支配市场的舆论氛围和对中方特别是对地方政府施加影响，获得市场准入机会。当前，尤其要防止外国公司利用国有企业产权改革，以及国内企业规模小和民营企业面临市场准入控制的机会，以谋求行业或细分行业垄断地位为目的，廉价收购国内骨干企业的优质资产、独有品牌、核心技术和制造能力，最终达到消除潜在竞争对手、垄断中国市场、压制中国技术路径的目的。

（与刘戒骄、王伟光合作，原载《党政干部学刊》2008 年第 5 期）

五、关于应对国际金融危机的几个问题

为了应对国际金融危机，2008年11月9日国务院部署了扩大内需促进经济增长的十项措施。这是非常必要和及时的，其积极效应已经逐步显示出来。但是，对于如何更好地落实这些措施，也有一些问题需要研究。我提出以下几点意见：

第一，投资要慎之又慎，用到最需要的地方，努力提高投资效率和效益。初步匡算，到2010年底，实现十项措施中的工程建设约需投资4万亿元。我在一份资料中看到，不到一周时间，交通部宣称2009年投1万亿元，建设部投3000亿元，铁道部投8000亿元，民航总局投2500亿元，国家能源局投2000亿元；地方宣称的投资来势更猛，北京投1万亿元，广东投1.3万亿元，重庆投3000亿元。这少数几个部委和省市，2009年一年的投资就接近7万亿元。由于各地区各部门都要争夺这块投资"大蛋糕"，估计全国20万亿元都难打住，而2007年中央出重手打压经济过热时，全社会投资总额才13.7万亿元。因此，有人提出"谨防投资大跃进"。防止投资计划走偏确实是值得重视的问题。这就要在科学发展观的指导下，研究资金如何筹集、如何拉动内需、如何优化结构等问题。总之，落实十项措施，坚持既有利于促进经济增长，又有利于推动结构调整；既有利于推动当前经济增长，又有利于增强经济发展后劲；既有效扩大投资，又积极拉动消费；还要有利于深化体制改革，完善社会主义市场经济体制。如果投资计划走偏，不仅难以实现这些要求，而且会产生严重的消极后果。

第二，把落实应对国际金融危机的措施和实现全面建设小康社会的奋斗目标有机结合起来。全面建设小康社会是我国 21 世纪头二十年的奋斗目标。应对国际金融危机，减轻它对我国的负面影响，也是全面建设小康社会的要求。有些人把全面建设小康社会看得过分容易，有些地区在不具备条件时轻率地提出率先实现现代化的要求。事实上，全面建设小康社会是很艰巨的任务。党的十六大提出，全面建设小康社会要使经济更加发展，民主更加健全，科教更加进步，文化更加繁荣，社会更加和谐，人民生活更加殷实。实现这六个"更加"就很不容易。党的十七大又对全面建设小康社会提出了新要求，包括：增加发展协调性，努力实现经济又好又快发展；扩大社会主义民主，更好地保障人民权益和社会公平正义；加强文化建设，明显提高全民族文明素质；加快社会事业发展，全面改善人民生活；建设生态文明，基本形成节约能源资源和保护生态环境的产业结构、增长方式、消费模式。完成这些任务就更加艰巨。在应对国际金融危机时，我们要把政策措施的短期效应和长期效应结合起来考虑，我们要牢记全面建设小康社会的奋斗目标，确保到2020 年完成全面建设小康社会的各项任务。

第三，使应对国际金融危机的措施有利于推进社会主义新农村建设。解决好农业、农村、农民问题是全面建设小康社会的关键问题，是经济工作的重中之重。落实国务院扩大内需促进经济增长的十项措施，农业是最受益的领域之一。例如，第一项措施规定实施游牧民定居工程，扩大农村危房改造试点；第二项措施规定加快农村基础建设，包括加大农村沼气、饮水安全和农村公路建设力度；第八项措施规定提高2009 年粮食最低收购价格，提高农资综合直补、良种补贴、农机具补贴等标准，增加农民收入；第十项措施规定加大对"三农"的信贷支持。

这些都是有利于解决"三农"问题的。其他诸项措施，如加快铁路、公路和机场等重大基础设施建设，加快医疗、卫生、文化、教育事业发展，加强生态环境建设，加快自主创新和结构调整，也都事关"三农"，对解决"三农"问题有利。不过，尽管提出这些措施的初衷都有利于解决"三农"问题，但其结果能否真正有利于"三农"，还决定于如何贯彻落实这些措施。由于存在着重城市、轻农村、重工业、轻农业的惯性，加上广大农民还缺少有利有效表达自身利益的话语权和保障自身利益的机制，落实措施中走偏的可能性还是存在的。我们应该重视和研究如何正确地、科学地落实这些政策措施，使之推进社会主义新农村建设，有利于"三农"问题的解决。

第四，这次国际金融危机实质上是一次经济危机。这就提示我们，需要研究有关经济危机的理论问题，包括社会主义市场经济会不会发生经济危机，如果会发生经济危机，如何设法防止经济危机。这些问题涉及引发经济危机的原因。关于这次危机的原因，众说纷纭，有篇文章概括了八种观点：①认为是由于美国信贷环境急剧变化，导致金融链条断裂。②认为是由于美国金融衍生工具增加太快，数额太大，链条太长。③认为是由于美国贷款机构低估贷款风险，贷款门槛太低，以及金融交易风险极大，监管很难。④认为是金融监管机构工作失误。⑤认为是由于道德缺失，漠视信用责任。⑥认为是由于美国监管体制存在重大缺陷和漏洞。⑦认为是美国过度透支了"整个国家的信用"。⑧认为是新自由主义形式的资本主义取代了原来国家管制的资本主义形式。这篇文章的作者认为，这些观点各有一定的根据，但都停留在表面现象的分析，未能触及危机的根源和根本原因。他说："要正确地理解这个问题，只能运用马克思主义关于经济危机的科学理论"，通过对资本主义基本经济关系的剖析，从资本主义的基本矛盾的现代表现，探寻危机的深层和根本的原因（《经济学动态》2009 年第 1 期）。我认为他的意见是正确的。记得前些年讨论新经济，有些人把新经济说得神乎其神，似乎由于出现了新经济，资本主义就不会发生经济危机了。事实粉碎了这种说法。这次危机实质上是资本主义基本矛盾在新条件下的大爆发。金融衍生工具增加快、金融链条断裂以及道德缺失监管存在漏洞等和生产无政府状态、居民收入差距扩大一样，都是资本主义基本矛盾的表现，它们在一定环境条件下导致了这场经济危机。资本主义经济危机也就是资本主义市场经济的经济危机。中国搞社会主义市场经济，社会主义市场经济和资本主义市场经济有根本区别，资本主义基本矛盾基本上不存在了。但社会主义市场经济也存在生产无政府状态。恩格斯说过，每个以商品生产为基础的社会都有一个特点，就是"社会生产无政府状态占统治地位"（《社会主义从空想到科学的发展》）。市场经济也必然导致居民收入存在差距，我国当前和今后一段时期居民收入差距还相当大，加上非公有制经济是社会主义市场经济的重要组成部分。国有企业建立现代企业制度后也成了独立的商品生产者和经营者，这些因素使得社会主义市场经济还有发生经济危机的可能性。由于我国是社会主义国家，以公有制经济为主体，对国民经济实行宏观调控，落实科学发展观，这些又都是避免和防止发生经济危机的主客观条件。由此可见，社会主义市场经济虽然有发生经济危机的可能性，但是不像资本主义市场经济那样存在发生经济危机的必然性。

我说社会主义市场经济存在发生经济危机的可能性，有人可能据此反对市场化改革，认为社会主义不搞市场经济就可以避免经济危机。他们的意见是不正确的。社会主义从实行计划经济到实行市场经济是正确的，必要的，必然的，社会主义市场化改革是历史的必然选择。事实上，社会主义计划经济也存在生产无政府状态，存在发生经济危机的可能性。我国 1959~1960 年就发生了严重的经济危机。上面我已经说明了社会主义市场经济存在防止发生经济危机的条件，只要我们在科学发展观指导下，继续深化改革，完善社会主义基本经济制度，优化经济结构，转变经济发展方式，坚持科学发展，我国社会主义市场经济是能够避免经济危机，促进国民经济持续又好又快发展的。

（原载《中国经济研究报告》第 45 期（2009 年 4 月 20 日））

六、论应对国际金融危机中调整产业结构的重要性和主攻方向

针对这次国际金融危机以及近一个时期以来我国经济社会发展面临的问题和困难，中央制定了保增长、扩内需、调结构的指导方针，提出要着力在保增长上下功夫，把扩大内需作为保增长的根本途径，把加快发展方式转变和结构调整作为保增长的主攻方向。国务院出台的十大产业调整和振兴规划，把调整和振兴结合起来，兼顾解决当前困难和制约长远发展的深层次问题，更加强调结构调整对产业振兴的作用。在应对国际金融危机的情况下，既要保增长又要淘汰落后产能，既要扶持困难产业渡过难关又要促进就业，既要解决当前困难又要着眼危机后的发展，这使当前的产业结构调整面临比以往更多的约束和挑战。如果应对不当，不仅达不到上述要求，而且可能造成产业结构进一步失衡，对增长、就业、环境和资源等带来新的压力和负担，进而为危机后的长远发展埋下隐患。本文拟就这个特殊背景下我国产业结构调整的重要性及主攻方向谈几点看法。

（一）重视产业结构调整对促进经济增长的作用

经过新中国成立 60 年，特别是改革开放 30 年的发展，我国完成了从一个落后的农业国向一个具有世界影响的工业国转变的伟大历程。随

着经济总量显著扩张，在不断满足人们物质文化需求的同时也带来了严峻的资源和环境问题，资源短缺、环境污染、生态失衡成为国家工业化越来越严重的制约因素。这次国际金融危机以来，我国一些产业和企业，主要是一些外向度较高的产业和企业，由于缺乏创新能力，长期处于低附加值的分工环节，处境异常艰难。也有一些产业和企业，主要是拥有技术能力、自主品牌和营销渠道的企业受到的冲击较小。从这个角度看，同样处于危机中，同样面临国际市场需求萎缩和融资不畅，但产业和企业遭受冲击的程度不同，在危机中保持增长的能力差别很大。如果不能迅速提升自己的核心能力，改善产业分工地位，这些企业很难摆脱在危机的海洋中被淹没的结局。更进一步地看，众多企业的生死必将引起产业结构变化。这就促使我们思考产业结构和经济增长两者之间的关系，如何才能从产业结构和发展方式上更好地应对危机。

人们普遍认识到，经济增长为产业结构调整创造条件和空间，经济增长不达到一定速度，没有经济总量的足够变化，就会限制产业结构调整的可能性和空间，制约新兴产业成长和主导产业转换，但产业结构调整对于促进经济增长，尤其是对经济发展的作用往往受到忽视。其实，产业结构作为以往经济增长的结果和继续增长的起点，其对经济增长也具有至关重要的影响。经济发展过程中，如果不能根据新的情况及时和正确地调整产业结构，经济增长就会受到资源配置不合理的束缚，产业结构就会阻碍经济增长。如果能够根据新的情况，及时和正确地调整产业结构，就会释放经济增长的潜能和空间，通过改善资源配置克服不利的因素，促进经济增长。产业结构调整促进经济增长的机理在于，经济增长除了取决于要素投入数量以外，还取决于各种要素配置，主要是资源配置方式能否顺应和满足需求的变化，而产业结构是影响劳动力、资金、技术等要素配置合理与否的主要因素。在现实经济体系中，生产要素在不同产业之间、同一产业内的不同企业之间的利用效率不同，生产要素从低效率产业向高效率产业流动，从需求萎缩的产业向需求扩张较快的产业流动，使不同的产业此消彼长。产业结构的这种调整能够减少瓶颈，分配资源给生产率较高、适合国内外市场需求的产业，进而促进经济增长。发挥好产业结构调整对经济增长的作用，既有利于应对当前的国际金融危机，又有利于长远发展，是一个必须加以重视的战略问题。产业结构调整是一个国家根据资源禀赋、区位优势、国际竞争等因素，不断优化生产要素利用方式，提高生产要素利用效率的过程。历史地看，资源禀赋和区位优势是经济发展的最初诱因。在工业化由低向高的发展过程中，经济增长的主要驱动要素存在梯度转换规律，即经济增长首先起步于依托当地特色资源和区位优势的产业，而后依次经过劳动、资本、技术、制度和环境等驱动阶段，并实现经济增长由主要依靠生产要素量的扩张到主要依靠利用效率的提高。在应对这次金融危机中，如果不能从自身资源禀赋、区位特点和国际环境等因素出发，通过改造提升传统产业，发展新兴产业，促进生产要素向效率更高的产业和企业转移，就不能实现就业和增长的既定目标。这是我们应对国际金融危机应该牢记的。我国地大物博、资源丰富，但是人口众多，人均资源拥有量在世界处于中下水平。近年来，我国经济发展进入重化工业集中快速发展的新阶段。由于规模快速扩张和发展阶段的限制，以及体制、政策的弊端，我国经济发展在相当程度上依靠资源支撑，不少企业资源和原材料利用粗放，生产工艺简陋，高排放、高污染的问题十分严重，产业组织不合理、重点生产装置规模不经济的问题长期存在。这种过度依赖资源消耗和环境投入的发展方式，在过去经济总量较小的时候还可以承受。随着经济总量持续扩张，土地、能源、原材料、环境对工业发展的制约加大，传统发展方式的弊端日趋突出。如果不能摆脱以往依靠生产要素大量投入和生产规模外延扩张的发展方式，提高低能耗、高附加值产业和产品比重，淘汰采掘业和重化工等行业的落后产能，我国经济社会发展受到的资源和环境制约将越来越严峻，甚至可能因为超越资源和环境的承载能力使经济增长受到阻挡，削弱和丧失应对危机的能力。因此，在应对危机中必须以科学发展观为指导，注意贯彻落实中央已经确定的方针政策，坚持走新型工业化道路，转变经济发展方式，形成技术含量高、经济效益好、创新能力强、资源消耗低、环境污染少、带动效应大的产业体系，才能解决能源、土地、原材料和环境对经济增长的制约。

（二）处理好传统产业和新兴产业、支柱产业和前沿战略产业的关系

产业的有生有灭是不可抗拒的规律，但不同产业从孕育、成长、稳定到衰退、消亡或者蜕变的生命周期过程有很大不同，这就客观上产生了传统产业和新兴产业、支柱产业和前沿战略产业，以及如何处理上述两对关系的问题。在当前国际金融危机蔓延情况下，尤其要注意解决每类产业的问题，发挥好每类产业的作用，处理好上述产业的接替关系。我国传统产业历史悠久，规模较大，纳税数额较高，尽管扩张速度较慢，但其对经济增长和吸纳就业的支撑作用较强。新兴产业规模扩张较快，带动效应较强，虽然规模未必达到支柱产业的程度，但其发展能够推动国民经济形成新的增长极，实现支柱产业的接替和转换。前沿战略产业多属于世界科技前沿产业，相当部分已经步入成长期，虽然当前规模较小，占国民生产总值比重较低，但具有广阔的市场前景和技术成长能力，对一个国家未来的产业结构演变和产业竞争力具有重大影响。历

史表明，传统产业和新兴产业、支柱产业和前沿战略产业会随着经济发展阶段和市场需求的变化而变化，新兴产业和前沿战略产业可以成长为支柱产业。经济发展既是新兴产业壮大和支柱产业不断更迭的过程，也是传统产业不断被改造提升的过程。

主导产业转换是产业结构调整强有力的、核心的动力。主导产业与国民经济其他产业之间紧密联系，相互依存，构成一个整体性很强的产业系统，并通过前向关联、后向关联、侧向关联对其他产业的投入产出活动产生影响，向深层次波及，从而构成产业间的不同方向、不同层次、不同方式的联动机制，对国民经济增长产生带动作用。这个过程表现为传统产业衰退和新兴产业成长，以及在此基础上的前沿战略产业发展成为主导产业。在经济发展的每个阶段，都有与之相应的主导产业。能够率先应用新技术且生产率较高的前沿战略产业，其发展能够带动其他产业部门发展，将逐步成长为主导产业。主导产业及其带动而发展起来的产业一起构成产业综合体系，这一综合体系以主导产业为中心和纽带紧密联系、相互依存。在当前，大力发展带动力强的新兴产业和前沿战略产业，培育新的主导产业，推动主导产业升级换代，不仅是应对当前国际金融危机的需要，也是危机后国民经济长远发展的需要。改造提升传统产业是产业结构调整中一项基础性很强的内容。我国许多传统产业提供的是人们生产和生活的必需品和耐用消费品，这些产品市场需求比较稳定，潜在市场需求较大，在经济不景气时市场波动幅度较小，抵御危机的能力较强。如果传统产业能够抓住目前能源和装备价格较低的时机，改造提升技术、工艺和装备，开发新产品，提高产品质量，提升品牌形象，就可以稳定其规模，甚至实现危机以前预定的增长。此外，对于技术突破和新产品开发可以使其发生蜕变的传统产业，应该加大研发力度，加快应用高新技术步伐，促使其早日摆脱衰退，再次步入成长

期。提升电子信息、装备制造、新材料、能源、化工等产业的国际竞争
力，是产业结构调整中不可忽视的重要方面。这些产业前向带动效应一
般大于后向带动效应，对国民经济的制约大于它对国民经济的拉动，在
经济增长中起着基础和决定性作用，其较快发展可以减少经济增长的瓶
颈。对于这些产业，主要是加快兼并重组步伐，着力提高经营管理水
平、扩展和延伸产业链，努力赶超世界先进水平，尽快形成较强的自主
研发能力和核心产品优势。对于以生物技术与新医药、纳米技术、新能
源等为代表的前沿战略产业，应该以发展的眼光进行科学分析和超前谋
划，采取措施抢先发展，确保在未来的产业接替中保持领先地位，这样
既有利于应对当前的国际金融危机，而且有利于危机后在国际竞争中赢
得竞争优势。

（三）把发展产业集群作为产业结构调整的重要途径

产业集群是在特定区域生产同类产品的企业，以及为这些企业配套
的上下游企业和相关服务业高密度地聚集在一起，通过专业化协作和分
享规模经济、范围经济来提升产业竞争力的经济现象。作为一种产业组
织方式和产业发展的新现象，产业集群由于解决了个别大企业的单打独
斗和中小企业一盘散沙的挣扎而在应对危机中有着旺盛的生命力，成为
企业获得长期利润和持续竞争优势的重要源泉。在产业集群中，起主导
作用的是核心企业，即从事生产主导产品的企业。但是，上游的原材
料、零部件、机器设备等专业化投入的供应商，下游的批发、零售、代
理、进出口等流通企业，人才、金融等专业化服务和专用基础设施的供
应者，生产互补产品的企业，以及提供专业化培训、教育、信息、研
究、技术支持的其他机构，都是产业集群不可分割的部分。

　　产业集群对优化产业组织和产业分工的作用已经取得共识，其对产业结构调整的作用容易被忽视。其实，产业集群可以通过深化产业分工，为生产型服务业和专业化产业的发展提供空间，改善产业国际分工地位，降低整个国民经济发展成本，来促进产业结构调整。从深化分工的角度看，以往以"大而全"、"小而全"的方式存在于一个企业内部的生产环节，在产业集群中则分布于不同企业之间，每个企业只做一个部件，甚至一个部件的某个工序。这种专业化分工的特点是，对技术含量较高、零部件较多、价值量较大的产品，不止有一个总装厂，而是几个厂在同一区域。为其配套的零部件供应商也不是一家，而是若干家。一个零部件厂同时给多个主机厂配套，很容易达到规模经济要求，从而降低单位产品成本。对主机厂来说，有多个供货商可供选择，有利于通过供货商的竞争改进质量、降低成本。对技术含量和价值量不高的产品，则有大量成品生产企业集聚在一起。这种在高度专业化分工基础上形成的配套体系，提高了产业发展专业化水平，改善了产业分工方式，直接带动了整个产业结构调整和升级。如果能够促进中小企业向专、精、深的方向发展，加快龙头企业的形成和发展，不仅有利于当前更好地应对危机，而且可以通过促进新兴产业成长和主导产业转换为未来发展创造条件。

　　为生产型服务业和专业化产业提供发展空间，是产业集群促进产业结构调整的重要途径。通过历史的考察，服务业和专业化产业是随着经济发展和分工深化而逐渐成长起来的，并逐步成为独立的产业部门。服务业和专业化产业不仅在引导生产、促进消费、增加就业等方面的作用显著，而且由于它直接为经济活动提供服务，直接改善产业分工，具有很大的乘数效应。如果能够把由企业自身完成的中间服务有效分离出来，由独立的服务企业向工业企业提供更多、更专业化和更高质量的服务，就可以通过社会分工节省成本，为协作配套产业提供需求空间，从而提高应对危机的能力。

产业集群还可以通过改善产业国际分工地位促进产业结构调整。现代产业组织的一个显著特点是，不同产业和同一产业的不同环节，产品和服务的附加值不同，甚至差异很大。核心能力和附加值高低对企业竞争力和抵御危机的能力具有重要影响，改善产业国际竞争地位必须解决产品和服务在质量、成本、品牌和营销渠道方面的问题。这次危机表明，即使拥有领先的技术和加工能力，甚至控股权，但没有自己的营销渠道和品牌，企业仍然难以在价值分配中居于有利地位。例如我国的外贸出口，出口产品在生产环节所创造的增加值一般仅占30%，而70%的增加值来自以品牌、渠道为标志的研发和营销环节，品牌和渠道的增值效应突出。打造产业集群有利于企业增强核心能力，这样既可以加快形成一批拥有自主品牌、营销渠道和核心竞争力的大型企业，也可以促进中小企业进入大型企业的全球供应和采购体系。支持企业创建自主品牌、国际营销网络和售后服务体系，提升产业层次和附加值，也是事关产业长远发展的问题。

（四）把服务新农村建设作为产业结构调整的新支点

农业是人类最基础和最重要的经济活动之一，农村和城市代表着两种不同的生产和生活方式，我国 13 亿人口有 9 亿人分布在农村。新农村建设将改变农村建设和农业发展滞后的局面，改变农民生产和生活方式，解决城乡居民收入差距过大、农民购买力低的问题。上述变革正在引导和促进农民、农业和农村需求的变化，开始对我国产业结构调整产生新的重要影响。

　　历史地看，农业一直是影响和制约我国工业化和产业发展的重要因素。早在 1962 年，毛泽东同志就提出了以农业为基础、以工业为主导的方针。那时，由于工业生产能力和农民消费能力不高，农业的基础作用主要表现在从供给层面为工业发展提供保障，主要是为工业和整个国民经济发展提供基本生活资料和劳动力，为工业尤其是轻工业提供原料。现在，虽然我国长期存在的城乡二元经济社会结构没有根本改变，城乡经济社会发展不协调，农业产业化水平不高，农村社会事业发展、社会保障水平以及基础设施建设落后于城市，农民与城镇居民的收入差距大等问题依然存在。但是，我国已经实现了现代化建设三步走战略的第一步、第二步目标，人民生活总体上达到小康水平并向全面小康社会迈进，经济总量和产业水平已经达到一个新的高度。这个阶段实施的新农村建设，标志着国家投资开始统筹农村和城市，着手解决农村建设资金严重短缺和有效需求不足的问题。只要继续加大惠农支农力度，长期实施向农民和城镇低收入居民倾斜的扩大内需政策，不断提高农民收入和中小城镇低收入居民收入，农民、农业和农村的潜在需求就会转变为现实购买力。这对产业结构调整提出了新要求、提供了新支点。新农村建设之所以成为产业结构调整的新支点，主要体现在从需求总量和结构、产品和服务质量以及吸纳就业等方面对产业发展施加影响。

　　从需求总量和结构方面看，很多耐用消费品在城市的市场饱和度已经很高，而在农村的市场饱和度还很低，农民、农业和农村对工业产品和服务业的需求潜力很大。随着国家惠农政策和消费补贴的落实，农民收入水平和消费能力提高，农民的生活消费日趋丰富多彩，消费领域不断拓宽，食品消费支出的比重不断下降；穿着方面越来越讲究质量、舒适度、款式和花色；居住投入不断增加，钢筋混凝土结构住房日益增多；家电、手机、摩托车、汽车等耐用消费品消费快速增长。未来相当长的一段时期，我国农民收入水平和消费需求还有很大上升空间，农村市场前景广阔。现代农业发展导致的生产方式变化和产业分工深化，正在把个体化的农业生产变成社会化的大生产，其中一个突出特点就是生产的专业化和协作化，即把农业生产转变为分工细密、协作广泛、开放型的社会化生产过程，这将为涉农产业成长和升级提供新的方向和空间。农村基础设施建设，包括农田、水利、电力、交通、灌溉、人畜饮水、种子、种畜和广播电视，将给产业结构调整提供长期动力。

从产品和服务质量方面看，随着新农村建设推进和人均收入水平的提高，农村居民对产品质量和食品、日用品的安全要求将越来越高。产品和服务满足新农村建设的程度，不仅取决于产品数量和产值高低，而且取决于产品内在质量和安全性。产品质量好，使用寿命长，才能赢得农村居民的有效需求。产品质量差，使用寿命短，虽然销售量可能一时增加，但最终会遭到农村居民抛弃。在产品品种和服务上更好地满足农村居民的需要，在质量和安全方面让农村居民放心，成为产业结构调整的重要内容。

从吸纳就业方面看，新农村建设的贡献不可忽视。中国农村地广人多，城乡差距很大，新农村建设必将是个长期过程，农村劳动力是新农村建设的主体和核心力量，没有大量高素质的农村劳动力的参与和投入，新农村建设不可能顺利推进。改革开放以来，农村劳动力向非农产业转移对于增加农民收入、促进城乡发展具有重要积极作用。

今后，应该继续发挥工业化和城市化促进农村劳动力向非农产业转移的作用，但不能忽视新农村建设，包括农业发展对劳动力的吸纳能力。农业结构和农村非农产业结构调整，农村基础设施建设，小城镇建设，将大大拓展劳动力需求领域。只要采取措施改善农村生产和生活条件，扩大和增强强农惠农政策的领域和力度，就可以引导和吸纳较高素

质的农村劳动力和返乡农民工参与新农村建设。这既满足了新农村建设
对劳动力的需求，也可以为产业结构调整提供一个缓冲器。

（与刘戒骄合作，原载《理论前沿》2009 年第 8 期）

七、重视研究高增长行业的规律性

国民经济是由许多行业组成的。各个行业都有诞生、成长、成熟、衰退的过程，在不同时期显现不同的发展速度。在经济现代化过程中，高增长行业对国民经济的增长速度、经济结构、经济绩效往往有决定性的影响。我国改革开放 30 多年来经济能够保持 10% 左右的发展速度，主要得益于一批高增长行业的推动。2004 年我和吕铁同志承担中国社会科学院重大课题《我国当前高增长行业及其产业政策导向研究》，经过课题组同志多年调查研究，于 2010 年出版了《中国高增长行业的转型与发展》，对我国高增长行业的一些规律性进行了探索。本文介绍该书的部分研究成果，供大家参考讨论，以推进这方面的研究。

（一）什么是高增长行业

严格界定高增长行业的含义有一定的难度。因为，由于国内外经济周期等各方面的原因，各个行业的增长速度是不断变化的，而且，使用不同的指标可能会出现不同的结果，技术进步、价格变动等因素还会使现有经济指标无法衡量同一行业的实际增长情况。研究高增长行业主要是为了揭示高增长行业对经济增长的作用以及与产业结构调整升级的相互关系，因此我们选择增加值作为界定高增长行业的指标。由于各个国家经济增长速度不同，衡量高增长行业的增长率标准因而也是相对的。

我们将增长速度超过 GDP 增长速度或所在大类产业增长速度的产业或行业定义为高增长产业或高增长行业。根据研究目的，这里所指的产业或行业是指有较大规模因而在国民经济中占有较大比重的某一大类产业或行业，如第一、第二、第三产业，或工业中的钢铁、电子、机械等行业。由于产业或行业的增长速度在年度间会出现高低起伏的波动，我们用数年（一般 3~5 年）或更长时期增加值的平均增长速度来界定高增长行业。

高增长行业和产业经济学中的主导产业含义基本相同。通常认为，主导产业是指在经济发展过程中，或者在工业化的不同阶段中出现的一些影响全局的、在国民经济中居于主导地位的产业部门。主导产业有以下特点：①技术创新最集中的部门，代表着技术发展的方向；②持续的高增长率；③对经济增长起到明显的带动作用；④与其他产业的关联度大，具有很强的扩散效应；⑤与不同经济发展阶段相匹配。由于我们的研究强调高增长性，研究角度有所不同，故称之为高增长行业。

（二）各国高增长行业的共性和特性

我们课题组除了研究 20 世纪 80 年代以来我国的高增长行业，还对比研究了美国、日本、韩国三个国家 1977 年以来的产业增长情况。这三个国家分别处于不同的经济发展阶段，其中美国是世界上经济总量最大、发展水平最高的国家，日本在 20 世纪 50 年代的经济总量基本上与我国相当并且目前已经完成工业化进程，韩国是新兴工业化国家的代表。这四个国家不同时期的高增长行业情况如下表所示。

中国与美、日、韩三国高增长行业的种类

国别	时期	高增长行业
美国	20 世纪 70 年代	食品、饮料和烟草，机械设备，金融、保险、房地产和商业服务
	20 世纪 80 年代	农、林、牧、渔、化学、橡胶、塑料和燃料产品，机械设备，批发零售贸易，餐饮和住宿
	20 世纪 90 年代以后	炼焦、炼油和核燃料，橡胶和塑料制品，机械设备（电和光学设备），批发零售贸易、维修，金融中介，租赁和其他商务活动
日本	20 世纪 70 年代	基础金属和金属制品，机械设备，运输设备，未分类制造业和废品回收，电力、燃气和水的供应，批发零售贸易，餐饮和住宿，金融、保险、房地产和商业服务
	20 世纪 80 年代	造纸、纸制品，化学、橡胶、塑料和燃料产品（化学和化学制品），除机械设备外的金属制品，机械设备（电和光学设备，其他机械设备），运输设备，未分类制造业和废品回收，邮政和通信，金融中介
	20 世纪 90 年代以后	机械设备（电和光学设备），运输设备，电力、燃气和水的供应，邮政和通信，金融中介，租赁和其他商务活动
韩国	20 世纪 70 年代	非能源矿开采，纺织、纺织品、皮革和鞋，化学、橡胶、塑料和燃料产品（化学和化学制品，橡胶和塑料制品），基础金属和金属制品，机械设备（电和光学设备，其他机械设备），运输设备，电力、燃气和水的供应，批发零售贸易、维修，运输和仓储，邮政和通信，金融中介，租赁和其他商务活动
	20 世纪 80 年代	造纸、纸制品、印刷和出版，化学、橡胶、塑料和燃料产品，基础金属和金属制品，机械设备（电和光学设备，其他机械设备），运输设备，电力、燃气和水的供应，建筑，批发零售贸易、维修，邮政和通信，金融中介，租赁和其他商务活动
	20 世纪 90 年代以后	炼焦、炼油和核燃料，化学和化学制品，机械设备（其他机械设备，电和光学设备），运输设备，电力、燃气和水的供应，邮政和通信，金融中介，租赁和其他商务活动
中国	20 世纪 80 年代	食品工业（包括食品制造业、饮料制造业、烟草制品业、饲料工业），缝纫工业，皮革工业，文教艺术用品工业，化学工业（包括化学工业、医药制造业、化学纤维制造业、橡胶制品业、塑料制品业），机械工业（包括金属制品业、通用设备制造业、专用设备制造业、交通运输设备制造业、电气机械及器材制造业、通信设备计算机及其他电子设备制造业、仪器仪表及文化办公用机械制造业），批发和零售业，金融
	20 世纪 90 年代以后	黑色金属矿采选业，农副食品加工业，食品制造业，饮料制造业，皮革、毛皮、羽毛及其制品业，木材加工及竹、藤、棕、草制品业，造纸及纸制品业，家具制造业，文教体育用品制造业，化学原料及化学制品制造业，医药制造业，化学纤维制造业，塑料制品业，黑色金属冶炼及压延加工业，有色金属冶炼及压延加工业，通用设备制造业，交通运输设备制造业，电气机械及器材制造业，通信设备、计算机及其他电子设备制造业，仪器仪表及文化办公用机械制造业，电力热力的生产和供应业，燃气生产和供应业，电信业，交通运输仓储和邮政业，住宿和餐饮业，房地产业

世界各国高增长行业都具有成群性和阶段性的特征。成群性表现为罗斯托说的"主导部门综合体"，阶段性表明高增长产业群的出现有其

必然性。这两个特征在以上四个国家的经济发展中都很明显。在不同国家之间进行比较还可以看到高增长行业的更多规律性现象。

我们通过对美、日、韩三国高增长行业的分析比较，发现这些国家的高增长行业既有相同点，也有不同点。它们的相同点是：①各行业的高速增长不是连续的，不是呈现出产业生命周期理论所抽象的低增长—高增长—平稳增长—增速下降的格局。产业的增长速度受到多种因素的影响，并且各产业之间也会发生相互影响，因此产业的增长速度呈现出上下波动的特点，从而高增长行业是在某个或某几个时间段内的高增长，而不是连续的高速增长。②高增长行业呈现出随时间更替的规律，由于韩国属于新兴工业化国家，因此高增长行业的交替表现得尤为明显。③机械设备制造业，特别是电和光学设备制造业在三个国家均属于高增长行业，并且均表现出增长速度高（在各行业中增速最快），高增长持续时间长的特征。④高增长持续时间长的行业或者在几个阶段呈现出高增长特征的行业，随着时间的推进，增长速度通常会呈现出下降的趋势。它们的不同点是：①各国的高增长行业增长速度存在很大差距。大体上看，韩国高增长行业的增长速度最高，日本次之，美国最低。例如，机械设备制造业在三国均为高增长行业，韩国机械设备制造业的增长速度2000年之前均在20%以上，日本机械设备制造业的增长速度1900年之前在10%左右，而美国机械设备制造业的增长速度1995年之前在5%左右，1995~2000年由于"新经济"的推动，增长速度提高到18%左右。②各国具有的高增长行业有很大不同。大致上看，韩国的高增长行业数量最多，日本次之，美国最少。这主要是各国所处的经济发展阶段不同所决定的，相对而言，工业化程度高的国家产业增长速度慢，工业化程度低且处于起飞、追赶阶段的国家产业增长速度快。③各国在同一时期的高增长行业有所不同。

把我国的高增长行业与美、日、韩比较，我国的高增长行业也表现出成群性和阶段性的特征。1998 年以来我国的高增长行业主要集中在食品、皮革、木材、家具、造纸、化工、医药、金属冶炼加工、机械、运输设备、电子电气、仪器仪表、煤气生产、邮电通信、房地产和社会服务业等行业。这些行业大致可以分为两类：第一类是和人民生活水平提高密切相关的行业，包括农副食品加工业、皮革毛皮羽毛及其制品业、木材加工及竹藤棕草制品业、家具制造业、医药制造业、燃气生产和供应业、邮电通信业、房地产业和社会服务业。第二类是带有重化工特征的行业，这些重化工业又可以划分为原材料工业行业和重加工业行业，前者包括黑色金属矿采选业、黑色金属冶炼及压延加工业、有色金属冶炼及压延加工业、化学原料及化学制品制造业等；后者包括通用设备制造业、交通运输设备制造业、电气机械及器材制造业、通信设备计算机及其他电子设备制造业和仪器仪表及文化办公用机械等。

我国高增长行业的特点是：从数量看，我国远远超过美、日、韩等国家；从行业类型看，我国当前的高增长行业与韩国 1970~1990 年期间的高增长行业十分类似，这也从一个方面反映出高增长行业具有阶段性特征。此外，我国高增长行业的增长速度远远高于美国和日本，与 20 世纪七八十年代的韩国的增长速度类似，高增长行业的增长速度多在 10%以上甚至超过 20%的水平，反映出赶超国家高增长行业的增长速度特征。从具体行业来看，电子及通信设备制造业在美、日、韩、中四个国家都处于高增长行业之列。

（三）高增长行业的作用和研究高增长行业的意义

一国经济的总量增长在行业层次上总是表现为部分高增长行业的规

模扩张，一国经济的结构调整首先表现为部分高增长行业的出现和成长。我国的发展也是如此。高增长行业对于每一轮经济上升周期的启动和推进，以及对于产业结构的优化和升级都起到了重要的推动作用。因此，系统研究我国高增长行业发展的动因、特征、绩效和政策，揭示高增长行业的规律性，对于深化对我国经济增长过程的理解，对于促进结构调整、技术进步、实现国民经济全面协调可持续发展，都有极其重要的意义。

（1）通过研究高增长行业的部门特征和属性可以更好地理解我国的经济增长过程。经济的持续增长既是 GDP、投资、消费和进出口等总量变动的过程，也是三次产业结构和各次产业内部结构变动的过程。由于各个产业发展的初始条件、产业特性和政策环境不同，因而行业的规模扩张速度必然表现出差异性。高增长行业的增长速度、规模和持续性以及高增长行业的有序更迭将最终决定我国经济增长的速度和持续周期。

（2）通过研究我国高增长行业的产业发展绩效可以更好地理解我国经济的发展问题。我国目前所面临的主要经济问题已经不仅是经济增长的速度和规模问题，而主要是如何在资源和环境约束下，在新的国际竞争环境下，提高经济增长质量和实现可持续发展的问题。这些问题在产业层次上主要表现为如何提高增长行业的增长质量并促进高增长行业的承接转换。产业发展绩效的核心是经济效率，经济效率提升的途径：一是通过资源在部门间、企业间和产品间的重新配置；二是实行制度、管理和技术创新。因此，研究高增长行业的发展问题就必须对影响产业内部和产业间要素流通、产品流通以及创新效率、体制机制、国内外条件等加以系统地梳理和分析。

（3）通过研究我国高增长行业发展过程中面临的问题有助于又好又快地推进我国的新型工业化过程，促进国民经济平稳较快发展。新型工业化道路的内涵是科技含量高、经济效益好、资源消耗低、环境污染少，以及人力资源优势能够得到充分发挥。新型工业化道路作为经济发展战略，落实到产业层次上就是如何转变产业的增长模式。高增长行业是对于一国经济增量贡献度最高的行业，因此经济增长模式转变的重点首先应当是高增长行业增长模式的转变。1998 年以来以装备制造业为代表的资本技术密集型产业和以钢铁、有色金属、冶炼为代表的高耗能产业成为我国高增长行业的主体。装备制造业与其他产业存在较高的关联度，这些产业的增长不仅会在投入产出意义上带动相关产业规模的扩张，其技术进步和效率提升更会与相关产业发生良性互动。高耗能产业的集约式发展则是实现资源节约和污染控制的关键。技术创新需要企业进行研发投入，节能减排会提高企业的经营成本。因此，利用行业高速增长的机会提高企业的研发强度和能源利用效率，减少环境污染，是加速我国新型工业化进程的一个可行路径。

（4）通过评估和研究高增长行业的产业政策可以有针对性地提高产业政策制定和推行的有效性。产业政策具有前瞻性和长期性，因而产业政策对于经济的健康持续发展有重要作用，尤其是针对高增长行业的产业政策作用更为重要。研究高增长行业，从产业组织、技术创新、经济效率、外贸外资等不同角度揭示高增长行业在发展过程中的共性和特性，以及进一步发展所需要的条件，进而对相关产业政策制度和执行提供科学的依据，对于提高产业政策的有效性，识别既有产业政策的重点和不足具有重要意义。

此外，研究我国高增长行业，通过对我国特定经济因素的分析，发现我国高增长行业的特殊性，还可以对既有理论假说和命题构成证实或证伪，从而修正或扩展现有的理论。

（四）高增长行业的制约因素和动力

经过对欧美发达国家以及日本、韩国等国家制造业结构的考察和分析，我们可以总结出关于高增长行业的以下几点基本事实：

第一，在经济发展的早期阶段，高增长行业主要集中在以食品和纺织业为代表的轻工业部门。

第二，经济发展到一定阶段以后，例如欧美发达国家在 20 世纪前后、日本在 20 世纪 50 年代初、韩国在 20 世纪 70 年代前后，以冶金、石化、金属制品、机械等为代表的重工业部门开始加速发展，成为拉动经济增长的主要高增长行业。

第三，轻工业和重工业在制造业中的比重最终将趋于稳定，以电子机械等行业为代表的高技术制造业成为 20 世纪后期的主要高增长行业。

那么，制约高增长行业发展的因素和动力是什么呢？从经济学说史的视角考察，有三个方面的理论曾试图回答这个问题。一是早期产业结构演变理论，包括配第—克拉克定理、列宁的生产资料优先增长理论、罗斯托的主导产业理论、库兹涅茨的结构变迁理论。二是现代经济增长与发展理论，该理论对需求结构、技术进步、要素禀赋结构、资本深化等因素和高增长行业的关系曾分别进行过分析。三是国际贸易理论、包括斯密的绝对优势理论、李嘉图的比较优势理论、赫克歇尔—俄林的资源禀赋模型、规模经济和内在比较优势理论。这三个方面的理论从不同角度给出了高增长行业在不同时期呈现出阶段性演变的相对全面的解释。

早期产业结构变迁理论主要是描述性的，缺乏微观基础的分析和严密的逻辑推理，但这些理论都在不同程度上触及到了产业结构变迁的关键因素。例如，配第—克拉克定理强调不同产业部门投资回报率的差别，如果进一步引申，考察不同产业投资回报率的决定因素，就很容易看到需求结构、技术进步以及资本深化的作用。列宁强调资本有机构成的提升，与有的学者强调要素禀赋或资本深化作用的观点也有相通之处。这些传统理论在定性研究上的贡献，为后来更严密的理论模型的构建提供了思想基础。

现代产业结构变迁理论在很大程度上建立在库兹涅茨的实证研究基础之上，较早期的理论主要强调需求结构和技术进步的作用，这在相当程度上也来自库兹涅茨的思想。最新的研究成果则提出要素禀赋和资本深化的作用，丰富了产业结构变迁的理论。尽管这三方面文献建模方式各异，但都只是从不同角度提示了产业结构变迁不同方面的动力源泉。目前还没有对这三类文献进行比较的实证研究，因此很难说需求结构、技术进步和要素禀赋结构（或者资本深化）这三种因素究竟谁占主导地位。现实经济中，这三种因素更有可能是共同发挥作用，因为一种理论的存在并不排斥另一种理论，彼此之间是互补关系。

产业结构变迁理论主要是从纵向的角度考察产业结构的升级过程，而国际贸易理论则从横向角度分析了不同产业部门在各个国家或地区间的分布。涉及产业结构的主要有两类理论：一是比较优势理论，强调要素禀赋的作用，认为各个国家或地区应当优先发展更多使用本地密集资源的产业部门；二是新贸易理论，认为产业的竞争力也可能来自规模经济。有的学者认为，比较优势理论适合考察发达国家与发展中国家之间的产业分工模式，而新贸易理论适合分析要素禀赋结构比较接近的国家如发达国家之间的产业和贸易分工模式。

早期产业结构变迁理论主要侧重于描述产业结构与经济发展程度之间的相关关系，并没有清晰地揭示出产业结构升级背后的动力源泉和具体机制，因此常常使人们误把产业结构的高级程度当成经济发达程度的决定因素，这是导致"二战"以后一系列旨在提升产业结构的扭曲性工业化理论形成的重要原因之一。国际贸易中的比较优势理论主要侧重于解释发展中国家与发达国家在产业结构上的差异，并没有为发展中国家提升产业结构、实现向发达国家跃升提供解决方案。如果从静态的角度考虑，比较优势理论甚至意味着发展中国家有可能永远处于产业结构的较低层次，无法实现向发达国家的跃升。

现代产业结构变迁理论的主要理论意义在于，它指出产业结构的升级本质上是一个内生的现象或者过程，并且找到了这个内生现象背后的外生原因及机制。如果一个现象是内生的，我们要改变它，最优的方法是从决定这个现象的外生变量入手。在外生变量没有发生变化的情况下，试图强行改变它所决定的内生现象，其结果必然是事倍功半甚至适得其反。具体到产业结构升级问题上，既然产业结构变迁的快慢取决于技术进步、需求结构（背后的收入弹性）和资本深化，那么政府制定政策的着眼点就应当放在是否能够最大限度地提升本地的技术进步速度、收入水平和资本积累速度。一些扭曲性的制度安排和产业政策，在短期虽能促进某些产业的快速发展，但这些制度和政策会造成较大的效率损失和资源浪费，减少了经济剩余，从长远看会严重阻碍资本积累、收入水平和技术进步速度的提升，最终产业结构的升级反而欲速则不达。

（注：该书由周叔莲、吕铁主编，经济管理出版社 2010 年出版。作者有：吕铁、贺俊、李晓华、徐朝阳、董利、周晓艳、杨丹辉、周维富、王燕梅、朱彤、孔欣欣、余菁等）

（原载《中国延安干部学院学报》（双月刊）2010 年第 6 期）

第四部分

转变经济发展方式要求深化改革

一、尚未完成的国有企业改革

　　国有企业改革是中国特色社会主义现代化建设中一个带根本性、全局性和挑战性的战略问题，因而也是以城市为重点的整个经济体制改革的中心环节，其实质是探索国有企业、国有经济与社会主义市场经济相结合的有效方式。1978年10月，重庆钢铁公司等六户四川省地方国营工业企业进行"扩大企业自主权"试点，是我国国有企业改革起步的标志。改革开放以来，我国国有企业改革经历过扩权让利、两权分离、建立现代企业制度、改革国有资产管理体制等阶段，先后采取过扩大企业自主权、利改税、承包经营责任制、公司制改造、调整国有经济布局和组建国资委等措施。经过改革，我国国有企业户数大幅度减少，国有经济比重显著降低，但国有经济总量大幅度增长，国有经济布局不断优化，控制力、影响力和竞争力显著增强，仍在国民经济中起着主导作用。国有企业实现了从政府机构附属物向企业的转变，成为自主经营、自负盈亏的市场主体，企业社会负担重、历史包袱多、冗员严重以及出资人不到位等问题基本或部分得到解决，探索出一条具有中国特色的搞好国有企业、发展壮大国有经济的路子。

　　但是，我国国有企业改革尚未完成。针对存在的问题，党的十七大报告指出：要坚持和完善公有制为主体、多种所有制经济共同发展的基本经济制度，深化国有企业公司制股份制改革，健全现代企业制度，优化国有经济布局和结构，深化垄断行业改革，发展混合所有制经济。党的十七大提出的任务为进一步深化国有企业改革，发展壮大国有经济指明了方向。这就要求，深化国有企业改革应该围绕提高国有经济整体素质和控制力，增强国有企业的竞争力，从宏观层面和微观层面推进制度创新。在宏观层面上，要进一步压缩国有企业数量，全面优化国有经济布局和结构，大力发展混合所有制经济，建立健全产权交易制度，深化垄断行业国有企业改革和国有资产管理体制改革。在微观层面上，继续推进现代企业制度建设，完善法人治理结构，理顺股东、董事会、经理层之间的关系。

许多文章已对我国国有企业改革 30 年的成绩和经验做了概括和总结，本文拟着重谈谈深化国有企业改革的几个关键问题，以期引起重视，把改革进行到底。

（一）继续调整国有企业数量和国有经济规模与分布

调整国有企业数量和国有经济规模与分布必须坚持"少而精、大而强"的原则。"少而精、大而强"的目的在于改变国有企业数量过多和管理链条过长的弊端，提高国有企业竞争力和国有经济质量。"少而精"是建立有效管理幅度的要求，"大而强"是参与市场竞争的需要。在宏观经济层面，"少而精、大而强"是指继续推动国有资本向关系国家安全和国民经济命脉的重要行业和关键领域集中，向具有竞争优势的行业和未来可能形成主导产业的领域集中，增强国有经济的控制力、影响力和带动力，更好地发挥国有经济的主导作用。同时也要明确，对不属于关系国家安全和国民经济重要行业和关键领域的国有资本，要按照有进有退、合理流动原则，实行依法转让。要鼓励非公有制经济通过并购和控股、参股等多种形式，参与国有企业的改组改制改造。在产业层面，

"少而精、大而强"是指根据纵向和横向关联关系，大力推进国有企业跨地区、跨行业重组，实现国有大型企业强强联合，促进国有资本不断向优势企业集中，发展壮大一批对经济发展有重大带动作用的大企业。

控制国有企业数量和国有经济规模，要求采取得力措施，建立国有资本有进有退的动态调整机制，有计划地促进国有资本从一般竞争性产业和非行业骨干企业退出。不仅要建立进入、退出机制，加快退出速度，加大退出力度，而且要制定国有经济布局调整的规划和政策，明确国有经济必须经营的产业领域和控制程度，明确参股、相对控股还是绝对控股。即使是国有资本必须进入的领域，也要在国有资本完成其特殊使命后通过市场化方式及时退出，实现国有经济的动态管理。一般来讲，当这些领域和行业逐渐成熟，法律法规逐步完善，政府即可以调减或缩小直接投资，通过国有相对控股和参股实现国家政策目标。这样做，才能不断优化国有经济布局，既发挥国有资本的作用，又可以吸引大量非国有资本进入竞争性领域开展有序竞争，增强整体经济的活力和市场竞争力。

打破均衡使用政策资源的常规，把国有经济布局调整和产业组织合理化结合起来，才能做大做强国有资本必须控制和经营的产业领域。产业组织合理化是现代经济发展的客观要求。产业组织合理化要求生产某类产品的龙头企业、为龙头企业配套的零部件企业以及为上述两类企业提供服务的其他企业，形成紧密的专业化分工协作关系，大幅度降低生产与交易成本。产业组织合理化，不仅要求大力培育一批具有系统设计和工程总承包能力的大供应商，而且要求与之配套的中场产业。两者的分工协作关系是决定地区和行业发展前景的重要因素之一。大型企业应围绕自己主导产品与龙头产品进行研发，掌握核心技术和关键部件的制造与总装。中小企业应致力于为大企业提供产品配套与专业化服务，实现重大技术装备的自主化、本地化。新增国有资本应当集中进入和加强关系国计民生的能源、原材料和装备制造业等先导性、基础性和战略性产业中的骨干企业。重点支持行业骨干企业，不仅有利于巩固国有经济的主导地位，而且有利于适应世界产业结构跨国调整的趋势，为全面提升产业和地区竞争力创造条件。

（二）促进不同层级国有资本以及国有资本与非国有资本的融合

促进不同层级国有资本以及国有资本与非国有资本的融合，培育以产权为纽带的大型企业集团，是提高国有资本的控制力和竞争力的重要手段，是建立现代企业制度和发展混合所有制经济的重要途径。我国社会主义初级阶段的基本经济制度是以公有制为主体，多种所有制经济共同发展。这个制度本身并不排斥不同层级国有资本以及国有资本与非国有资本的相互融合。

国有产权融合的具体途径，除了引进战略投资者、境内外上市、中央企业之间进行合并重组之外，尤其要加强中央企业与地方国有企业之间的并购重组。原因在于中央企业与地方企业具有深厚的历史渊源和业务合作关系，在资金、产品、技术、市场、人才等方面各有优势。中央企业与地方企业之间并购重组，可以实现产权在较大范围的流动和优化配置，引导优势企业、优质资产、优秀人才向大企业集中，实现优势互补，优化业务结构和产品结构，改善中央企业与地方企业之间的分工协作关系，并通过"联大靠强"提升地方企业竞争力。因此，中央企业与地方企业并购重组，有利于推进国有经济布局和结构的战略性调整，从整体上增强国有经济的控制力、影响力、带动力。

国有企业作为一种生产经营组织形式同时具有营利法人和公益法人的特点。其营利性体现为追求国有资产的保值和增值。其公益性体现为国有企业的设立通常是为了满足发展社会公益事业的需要，起着促进经济社会公平和谐发展的作用。在公益性较强的领域，国有产权和非国有产权融合可能面临特殊困难，国有产权之间的融合成为重要选择。

产权置换是中央企业与地方国有企业产权融合的重要方式。通过产权置换，实现中央和地方国有企业的相互持股，是培育实力雄厚、竞争力强的大公司和企业集团的重要方式。中央与地方企业之间的产权置换应该以战略并购和强强并购为主要形式。产权置换过程中，应该注意把政府第一推动力和市场配置资源的基础作用有机结合起来，与以资本为纽带的市场重组和投融资体制改革结合进行，注重产业组织结构和产品结构的优化，防止政府包办和片面强调市场作用两方面的片面性。通过产权置换，原来单一国有股东改变为中央和地方国资委或者中央企业和地方企业共同持有股权的公司，可以使中央和地方国有独资企业实现股权多元化，更好地发挥中央企业和地方企业的整体作用。通过股权置换形成的大企业集团，其组织结构应以母子公司为主要形式。母公司负责资本运作和重大决策，子公司独立经营，形成既能驾驭各子公司，又可充分调动各方面积极性的母子公司体制。

（三）加强董事会建设，改善国有企业治理

"治理"一词在政治学领域，通常指国家治理，即政府如何运用治权来管理国家。在经济学和管理学领域，治理是指管理和控制企业的方式和制度。人们对企业治理的认识，随着公司制企业发展，尤其是产权多元化和分散化的发展逐步深化。从现代企业理论看，公司治理是规范

股东、董事会、经理班子责权边界及相互关系的一组契约，包括管理和控制公司的一套法律法规、机构设置、工作程序以及政策等。在这组契约下，股东、董事会和经理班子之间相互制衡，各方都有相对独立的权力和责任，任何一方都不能违反预定的规则和程序。

企业治理的关键是企业控制权和激励制度设计。现代企业理论认为，股东是企业所有者，股东通过股东会掌握企业的最终控制权。董事会是决策机构，对企业发展战略、重大投资等进行决策，对出资人负责，承担资产保值增值的责任。经理层是执行机构，负责组织实施董事会决策，对董事会负责，承担企业的生产经营责任。监事会是监督机构，对董事会、经理层的经营行为和公司财务等进行监督，对出资人负责，保证企业资产不受侵犯。在企业所有权与经营权分离的情况下，股东与董事、董事与经理人员两个层次上都有委托—代理问题。董事会和经理层负有经营企业的责任，但两者的目标并不必然有利于实现股东目标。由于信息不对称，股东往往难以有效地监督董事会，董事会往往难以有效地监督经理层，但股东会监督经理层的难度更大。由董事会独立地选聘考核奖惩经理人员，有利于建立经理对董事会负责的制度，实现董事会与经理层的有效制衡。

我国国有企业长期以来沿用党政机关的管理方式，按照党政领导干部选拔方法配备领导班子，由班子主要成员管理和控制企业。班子成员有任命没有任期，班子主要成员尤其是董事长的权力过大，削弱了董事和总经理的作用，董事集体决策职能难以发挥。应该说，在国有产权单一的条件下，这种强调个人作用的治理方式比较有效。随着国有企业公司制改革的深化，这种治理方式的弊端逐步暴露，许多国有企业治理按照《公司法》和现代企业制度的要求，组建了公司股东会、董事会、监事会，明确了权力机构、决策机构、监督机构和经营管理者之间的权责配置。按照现代企业制度要求，我国国有企业治理的基本架构应该是，国资委委派的国有股东参加股东会，股东会决定董事会和监事会成员，董事会聘任经营管理者，经营管理者行使企业日常经营管理权。但是，总的来看，现在各治理机构之间的分权制衡机制还不完善，董事会聘任经营管理者的权力没有落实到位，董事会和经理层之间的独立性不强，企业治理的个人色彩浓厚，董事会作用有待加强。

董事会是企业治理承上启下的环节，能否有效地行使其权责在相当程度上决定着企业治理的有效性。董事会有效发挥作用的关键之一是使每一位董事都能够发挥应有的作用，对重大经营决策和人事任免决策制定相应的程序化规章，把董事对重大问题提出的意见作为考核其业绩的主要标准。对造成重大决策失误的董事，必须使其承担相应的责任。改善国有企业治理必须处理好决策机构与管理机构的关系，加强董事会的决策职能，使董事会能够独立于股东大会和经营管理层自主进行管理和决策。作为决策机构，董事会有对企业的发展目标和重大经营活动的决策权，又有对经理层的业绩进行考核评价和任免的权力。国有企业必须重视董事会的任命和董事会权限的界定。董事会每位成员应该职责清晰、任期明确，应该吸收一定比例的职业经理人员和专业人员进入董事会，各成员的任期错位排列，董事罢免、提前解职应该有正当理由，董事会应该设立若干专业委员会协助履行职责。国有股权应该通过股东会和任命董事会等事先设定的程序行使，建立明确的董事长和每位董事的个人责任制。要加大引进外部董事和独立董事的力度，进一步完善董事会、监事会议事制度，使每一位董事都能够发挥应有的作用。

（四）加强产权交易场所建设，培育和发展产权交易市场

社会主义市场经济要求建立和健全归属清晰、权责明确、保护严格、流转顺畅的现代产权制度。流转顺畅是现代产权制度的重要特征。从历史看，产权交易随着商品交易的发展而形成，交易方式根据产权性质和市场需要不断演化。产权只有具有流动性和可交易性，才能使其掌握在能够发挥最大效用的法人或自然人手中。私有产权交易多是分散进行，一般不需要集中到专门场所交易，具有非公开竞价的特点。

随着国有经济布局和结构调整的深入，我国国有企业产权跨地区、跨行业、跨不同所有制交易的规模不断扩大。国有产权交易主要有场外协议转让和场内公开交易两种形式。国有产权场外协议转让方式，交易对象的选择缺乏广泛性，交易过程不透明、不规范，许多企业管理者利用职权在企业改制过程中暗箱操作，甚至经营者自己卖自己买，导致国有资产流失和其他腐败问题。采取场内方式进行公开交易，不仅可以给买卖双方提供一个公开处置的市场和渠道，而且能够充分发挥发现交易对象和价格的作用，有利于国有资产的保值增值。国有产权交易实践告诉我们，只有建立规范、有效的产权交易场所，通过产权市场进行交易，成交价格通过竞价招标或拍卖确定，才能从源头上堵住企业改制中的国有资产流失的漏洞。为此，我国开始尝试建立产权交易场所，引导国有产权交易从场外转向场内，规范协议转让的程序和方式。

产权交易市场是为产权流转提供服务的交易场所，是市场经济体制下国有企业产权交易的有效平台。2003 年国务院国资委成立以后，明确规定所有企业国有产权转让均应进入国资监管部门指定的产权交易场所中进行。从此，我国国有企业产权交易开始从不规范走向规范，从分

散走向集中，从协议定价走向公开竞价。产权交易市场以其市场化程度高、公开、透明的优点，得到越来越多的认同。目前，全国共有 140 多个地市级以上产权交易所，其中经国务院国资委和各省级国资委认可的从事国有产权交易的产权交易机构有 65 家，北京、上海、天津、重庆产权交易所可以从事中央企业国有产权交易。

产权交易市场虽然能够使国有产权交易价格更好地反映其内在价值，有利于提高国有产权制度改革的效率，降低产权交易成本，但是，产权市场的有效运转取决于其覆盖范围大小和交易制度的完善程度。由于我国企业国有产权非标准化和复杂的属地关系影响，一直没有形成跨区域或全国性的产权交易市场，产权交易机构多、规模小、成交量低，交易规则不统一、交易信息披露不充分等问题比较突出，好企业、好产权难以找到好买主，产权交易市场配置资源的基础作用无法得到充分发挥。只有根据经济发展和市场需要，建立覆盖全国和跨省市区的产权交易场所，完善产权交易制度，才能增强市场发现交易对象和交易价格的功能。

（五）深化垄断行业改革

我国石油、电网、民航、电信等垄断行业的历史沿革和体制变化具有鲜明的特点。新中国成立以来至改革开放初期，我国实行的是计划经济体制。垄断行业采取了政企合一和国有垄断经营的体制，实行低价格、高财政补贴的运营机制，价格基本不受供求关系和成本变动的影响。20 世纪 80 年代特别是 90 年代以来，随着经济发展和改革开放的深化，垄断行业垄断经营和政企合一、政监不分的弊端日益突出，我国开始进行垄断行业改革，并取得了阶段性进展。石油、电力、民航、电信等行业在实行政企分离、政资分开、业务重构等方面，取得了成效，对国有经济改革和政府职能转变具有积极的推动作用。

党的十六大以来，我国垄断行业在改革管理和监管体制、放宽市场准入、引入非国有资本等方面进行了较大幅度改革，垄断行业包括网络环节先后对外资和民营资本开放，外资和国内民营资本开始进入垄断行业，电信、电力非网络环节和民航基本形成了竞争性市场结构，垄断行业的政策制定权、监管权和作为这些行业中国有企业所有者代表拥有的所有权这三个权能逐步分离。随着国有资产管理体制改革的推进和中央企业出资人制度的建立，垄断行业中国有企业改革进入了由出资人推动的新阶段，企业的产权结构、业务结构和组织结构不断优化，管理层级基本实现了扁平化，经过主辅分离，主业得到加强，企业竞争力和绩效显著提升。

但是，我国垄断行业改革在整个经济体制改革中具有起步晚和相对滞后的特点，中央企业改革仍然处于探索阶段，管理和经营体制仍处于转型之中。在健全法规、改善监管、合理激励、促进竞争并使竞争惠及终端用户等方面，垄断行业仍有许多问题亟待解决。随着我国垄断行业向放宽准入、多元投资、企业经营、独立监管、有效竞争的新阶段转变，垄断行业中国有企业的环境、地位和作用将发生新的变化。这个阶段垄断行业国有企业改革，应该在总结以往改革经验和借鉴国外成功做法的基础上，着力改善产权结构、业务结构和组织结构，理顺管理层级，缩小管理幅度，提高经营管理水平，实现企业效率和效益的提升。要通过产权重组，形成符合行业技术经济特征和经济发展阶段要求的产权结构和治理结构。通过业务重组，优化相关业务的配置，形成主业突出、纵向关系合理、核心优势明显的战略领域。通过企业组织结构重组，形成兼有规模经济和竞争效率的市场结构，使国有企业成为社会主义市场经济中更具活力的市场主体，成为我国国民经济和国有经济中更具战略性的组成部分。

（六）深化国有资产管理体制改革

随着国有企业改革的深入，我国国有资产管理体制也经历了一个变革过程。国家行政管理职能与国有资产管理职能逐步分离，政府与国有企业之间的关系逐步规范，产权成为政府管理国有企业的基础依据。改革初期实施的所有权与经营权分离，确立了国家与国有企业之间的委托经营关系，部分解决了国有国营体制的弊端。党的十四届三中全会提出建立现代企业制度后，国家与国有企业之间的委托经营关系开始向以现代产权制度为基础的委托代理关系转变。随着国有资本和非国有资本的融合，国有独资企业趋于减少，企业中的国有资产更多地通过控股、参股、委托管理等方式以股权形式存在，原先国有企业分散管理的弊端日趋突出。国资委成立后，把原来分散的投资权、运营权、劳动工资权、人事任免权等统一起来，建立了中央政府和地方政府分别代表国家履行出资人职责，享有所有者权益、权利、义务和责任相统一，管资产和管人、管事相结合的国有资产管理体制，解决了出资人缺位问题，国家与国有企业之间的关系得到改善，为做大做强国有企业创造了条件。

但是，无论是与世界上一些国家的成功做法相比较，还是从社会主义市场经济体制的要求看，我国国有企业和国有资产管理体制改革还有很长的路要走。在国家统一所有、分级行使出资人职责的体制下，国家代表全体人民行使对国有资产的最终所有权，中央和地方政府分别代表国家履行出资人职责，国资委成为代表行使国有资产出资人权利的机构。中央和地方分别履行出资人职责是我国国有企业管理体制的一个突出特点。在国外，国有企业是指一个国家中央政府或联邦政府投资或参与控制的企业，而我国国有企业还包括由地方政府投资和管理的企业。分级履行出资人职责确立了各级政府的出资人地位和身份，明确了国有资产的责任主体。但是，现行体制如何体现"国家统一所有"，如何划分中央和地方政府管理国有资产的权责，如何发挥中央和地方政府管理国有资产的整体优势，如何真正实现政企分开、建立符合现代产权制度要求的国有资产管理体制和监管体系，这些问题都还有待研究解决。

国务院国资委成立后，对层级过多的下属企业进行清理、整合。通过关闭、破产、撤销、合并、取消企业法人资格等措施，除极少数特大型企业集团外，中央企业集团的母子公司结构基本上被控制在三个层次以内，实现了中央企业组织结构由高耸向扁平的转变。尽管如此，出资人和被出资企业之间的关系仍然是一种委托代理体制，委托人监督代理人面临的信息不对称、道德风险等难题依然存在，出资人如何才能有效地监管国有企业还需要进一步探索。此外，要实施经营计划、经营业绩和财务状况的报告和公开披露制度，以利于人民更好地监督国资委的工作，更好地了解国有企业经营状况。许多国家的经验说明，定期向立法机构、社会和政府有关部门报告国有企业经营计划和经营业绩完成情况，公开披露经营和财务信息，有助于完善国有企业及其经营管理者的约束和激励机制。我国除上市公司一定程度公开披露有关信息以外，还没有建立国有企业信息披露制度，这也是需要研究解决的问题。

（与刘戒骄合作，原载《理论前沿》2008 年第 18 期）

二、关于深化国有企业改革的几点意见

近几年，关于国有企业改革又有激烈的争论。争论的主要问题有：国有企业改革的目标，国有企业改革得失的评估，深化国有企业改革需要解决的问题和主要任务，国有企业改革的定位等。我就其中的几个问题谈点看法。

（一）我国国有企业改革的目标

我国国有企业改革是经济体制改革的一个组成部分，深化国有企业改革是完善社会主义市场经济体制的要求。根据这个要求，我国国有企业改革的目标是多维度的。对此，我认为主要有四个维度的目标。

一是国有企业作为企业一般的目标。绝大多数国有企业都应该是真正的企业，即自主经营、自负盈亏，以盈利为目标。达到这个目标必须建立产权清晰、权责明确、政企分开、管理科学的现代企业制度，使企业有活力和创新能力。

二是国有企业作为国有企业一般的目标。社会主义国家和资本主义国家都有国有企业，而作为国有企业的任务主要是提供公共产品和服务。公共产品和服务的范围是一个相当长的序列，包括国防产品、基础设施、社会保障、基础研发活动等。国有企业应该很好地完成这个任务。

三是国有企业作为社会主义企业的目标。国有企业不一定是社会主义性质，我国国有企业则应该是社会主义企业。社会主义国有企业的特征是什么？苏联政治经济学教科书曾对计划经济条件下社会主义国有企业的特征做出规定，这显然不适用于社会主义市场经济条件下的国有企业。邓小平同志曾经说过：社会主义的本质，是解放生产力，发展生产力，消灭剥削，消除两极分化，最终达到共同富裕。据此，社会主义国有企业改革应该达到分配合理、克服职工收入悬殊、民主管理、保障职工权利、企业盈利全民共享等要求。

四是国有企业作为社会主义初级阶段国有企业的目标。中国现在正处于还将长期处于社会主义初级阶段。社会主义初级阶段的基本经济制度是公有制为主体、国有经济为主导、多种经济成分共同发展，必须巩固和发展公有制经济，也必须鼓励、支持、引导非公有制经济发展。在社会主义初级阶段，国有经济既要发挥主导作用，国有企业又要与非国有企业公平竞争。国有经济在国民经济中的主导作用，既要表现在发展生产力上，在改进经营管理、促进技术进步上起到表率作用，也要表现在社会主义的发展方向上，在合理分配、民主管理、承担社会责任上起到模范作用，引导其他企业逐步增加社会主义因素。

国有企业改革四个维度的要求既有区别，又有联系。现在存在着对后两个维度改革目标不够重视甚至忽视的现象，应该注意纠正。只有协调推进、全面完成这四个维度的要求，才能完成深化国有企业改革的任务。

（二）当前国有企业改革需要解决的重要问题

30多年来，我国国有企业改革取得了巨大成绩，但是目标还远未达到，任务也尚未完成。深化改革需要解决哪些问题呢？我认为，当前国有企业存在的主要问题有：

1. 建立现代企业制度进度迟缓

党的十五大明确要求"力争到本世纪末大多数国有大中型骨干企业初步建立现代企业制度"。目前在 120 多家央企中，只有寥寥几家实现了股权多元化，而且极少是混合制股权多元化，实现整体上市的企业还是空白。尤其大多数央企还是按照 20 世纪 80 年代通过的现在已经过时的全民所有制企业法建立的国有企业，董事会试点企业只有 30 多家。很多名义上建立了现代企业制度的企业，也是貌似神非。

2. 国有企业的市场表现不如民营企业和外资企业

根据国务院发展研究中心张文魁的研究，过去几年，国有企业在营业收入、营业利润、总资产、净资产等方面的增值速度，都远不如私营企业，效益指标也远逊于私营企业。即使在近几年的高速增长期，国有企业仍有大量企业亏损。2005~2006 年，全国国有企业亏损面高达 40%以上，2007~2008 年亏损面接近 30%，其中一级企业的亏损面高达 45%以上（《中国改革》，2010 年 10 月）。

3. 国有经济布局仍不合理，垄断行业改革难，市场公平竞争有阻力

在国民经济 95 个大类中，国有经济涉及 94 个行业。其中，在 396 个国民经济行业类别中，国有经济涉足了 380 个行业，行业与布局达到 96%。如批发零售餐饮业，目前还有 2 万多家国有企业，是国有企业分布的第二大领域，占全部国有企业的 17.8%。国有企业在一些公用事业和重要工业领域中，通过各种方式阻碍行业开放，使得民间资本难以进入。由于国有企业占用了很多付费很少甚至不需要付费的资源，包括土地、矿产、贷款、特价经营权等，市场公平竞争阻力很大（《经济要参》，2011 年 2 月 2 日）。

4. 国有资产管理体制有缺陷

国有资产管理包括国有资产运营管理和国有资产监督管理两种职

能。国资委的特设监管机构的定位及其"出资人"职能使得这两种职能难以分清。在实践中，国资委的监督管理职能日渐被它的运营管理职能排挤，致使国有企业出现许多乱象，如国有企业利润随意分配，国有企业高管肆意贪腐，国有企业内部和国有企业之间职工收入差别悬殊（《改革内参》，2011 年 12 月）。由于国资委既当"裁判"，又当"运动员"，导致国有企业政企不分的现象依然十分严重。

此外，还需要指出的是，从 20 世纪 90 年代开始，许多地方的国有资产出现所谓"平台化"趋势，就是国有资产被流入到新成立的国有公司当中，这个国有公司的主要职能不是日常生产经营，而是所谓的资产经营或资本运作，包括利用流入的国有资产到资本市场融资或到银行借贷，并从事资金分配和股权管理等活动。21 世纪，国有资产"平台化"趋势明显加速，这在上海、北京、天津、四川、重庆都有表现。国有资产的"平台化"不仅模糊了政企边界和企企边界，而且扭曲了资金配置体系，挤压了民间资本的发展空间。这种趋势是和改革以来一直强调的国有企业的法人资产权和整套法人制度相违背的，其风险和影响需要引起注意（《改革内参》，2011 年第 46 期）。

"十二五"规划建议中提出："要营造各种所有制经济依法平等使用生产要素，公平参与市场竞争，同等受到法律保护的制度环境，推进国有经济战略性思想，加快国有大型企业改革，深化垄断行业改革，完善各类国有资产管理体制。"从当前国有企业国有经济存在的问题看，建议提出的要求和任务很有针对性，是完全正确的。

（三）关于国有企业改革的定位问题

报刊上不少文章主张国有企业改革要有再思考、再定位。再思考很有必要，中国是按照社会主义市场经济制度的要求改革国有企业的，建立社会主义市场经济制度是史无前例的事业，需要不断思考和探索。关于再定位，如何再定位有多种不同意见。一种意见是认为要取消国有企业，实行私有化。理由是国有企业已阻碍我国生产力的发展。我认为，从我国经济发展的情况看，这个理由不能成立。苏联实行私有化引起的灾难，我国"抓大放小"过程中资产流失造成一批暴发户的教训，都不可忘记。而且国有企业在世界各国是普遍存在的，我国现阶段更不能全盘取消。再一种意见是主张国有企业完全退出竞争性领域。我认为，国有企业经营范围的发展趋势是一个可以研讨的问题。但是目前我国仍有2/3 的国有企业和 40%的国有资产分布在一般生产加工行业和商贸服务等行业，这些大都是竞争性行业。这种情况虽不合理，却是现实。姑且不论现在全部退出是否可能，如果真的全部贸然退出，也会在经济上和社会上引起混乱，可能又会造成一批暴发户。可行的办法是各种经济成分的企业实行公平竞争，优胜劣汰，使国有企业逐步退出不该进入的行业。第三种意见是认为现在公有制为主体已变为私有制为主体，必须壮大国有经济，既抓大，又抓小，扭转这种状况（《中国社会科学内部文稿》，2012 年 1 月）。这种意见认为在社会总资产中公有制经济的资产应占 55%~60%，相应的其从业人员和产值的比重也应为 50%~60%。2010年公有制经济的资产比重只有 26.9%，已远低于公有制为主体的临界值。这种意见主张的国有企业改革再定位，似乎是主张退回到原来计划经济为主、市场调节为辅的状况。显然这是违背完善社会主义市场经济体制的要求的。

还有一种意见主张国有企业改革再定位不是定位在国有企业本身，而是定位在提升整个国家的经济竞争力和产业有效活力。这种意见认为，过去国有企业改革的目标主要是解决国有企业"善其身"的问题，今后第二次改革目标主要是解决国有企业"善天下"的问题。判断国有企业好还是不好，不能仅看国有企业自身的状况，重要的是更要看国有企业是否导致整个行业和整个经济体更有活力和更有效率，特别是市场竞争秩序是否合理，是否保证了公平竞争，非国有企业的竞争环境是否改善。我认为，这种意见有一定的根据，提出了当前国有企业改革要着重解决的一些问题。不过，也要看到国有企业"善其身"的问题还远未解决，而国有企业没有很好地"善其身"，也就难以很好地"善天下"。解决国有企业本身的问题仍是国有企业改革的一项极其重要的任务。其实，我国国有企业改革也是一直从发展整个国民经济着眼的。《关于国有企业改革和发展若干重大问题的决定》（下称《决定》）中就指出：改革国有企业是为了"促进经济持续快速健康发展，提高人民生活水平，保持安定团结的政治局面，巩固社会主义制度"。《决定》提出了推进国有企业改革和发展必须坚持的十条指导方针，第一条就包括：以公有制为主体，多种所有制经济共同发展；调整和完善所有制结构；促进各种所有制经济公平竞争和共同发展。这些都是"善天下"的任务。随着国有企业改革的深化，改革的内容和重点必然会有变化，前面我提出我国国有企业的社会主义性质问题，就是当前也要关注的一个问题。更重要的是，要把国有企业改革和政府职能转变紧密结合起来，把经济体制改革和政治体制改革结合起来。这些都是原来的定位，是原来早就决定而且一再表明要努力完成的任务。严格来说不是再定位，不过，以前做得少，甚至一度停滞了，现在应该下决心去完成这些任务了。

（原载《经济学家周报》2012 年 10 月 7 日）

三、国企改革再定位

接受财新《中国改革》记者向明的专访

中国社会科学院学部委员、工业经济研究所研究员、原所长周叔莲教授，可谓中国新时期 30 余年国有企业改革的重要见证者和理论推手之一。

"文革"后期，周叔莲从中国社科院经济研究所借调到国家建委工作。1977 年下半年到 1978 年上半年，他参加了原国家计委组织的调查组到大庆油田调查，从政治经济学的角度总结大庆经验。1978 年下半年，周叔莲开始研究国有企业改革问题，此后一直跟踪研究，提出了诸多创见。迄今为止，周叔莲亦未曾中断对国有企业改革问题的关注与思考。

在接受记者专访时，这位早逾杖朝之年的资深经济学家回溯和梳理了 30 多年来中国国有企业改革的历程，并融入了他对国有企业改革问题的潜心思考和研究。

（一）四个阶段　五种模式

财新《中国改革》记者（下称"记者"）：改革开放先后从农村和城市展开。在城市改革中，国有企业改革一直居于核心地位。国有企业改革问题是你学术研究中的重要领域，你也亲历和见证了国有企业改革的整个历程。从宏观和历史角度来看，国有企业改革的历程是怎样的？

周叔莲：30 多年来，我国国有企业改革的战略指导思想是有变化的。其在很大程度上是由改革的战略指导思想决定的。概括起来，从 1978 年党的十一届三中全会至 1984 年党的十二届三中全会，改革的战略指导思想是扩大企业自主权。从党的十二届三中全会到 1993 年党的十四届三中全会，改革的战略指导思想是实行两权分离。从党的十四届三中全会开始，改革的战略指导思想是建立现代企业制度和从战略上调整国有经济布局。从 2003 年开始迄今，一项关键改革措施是改革国有资产的管理体制。

与此相应，国有企业改革也可以划分为扩大企业自主权（1978~1984 年）、实行两权分离（1985~1993 年）、建立现代企业制度并调整国有经济布局（1994~2002 年）、改革国有资产管理体制（2003 年迄今）四个阶段。

记者：国有企业改革历程之所以呈现为这样的四个阶段，遵循了怎样的历史逻辑和改革逻辑？

周叔莲：在 20 世纪 50 年代后期，我国就曾经对国有企业尝试改革，当时改革主要是在中央和地方权限的划分上做文章。1978 年开始的改革则把重点放在调整国家和企业的关系上，着眼于调动企业和职工的积极性和主动性。因此，扩大企业自主权的改革思路与过去国有企业改革的思路相比较，是一个很大的进步。通过改革，企业有了一定的生产自主权，开始成为独立的利益主体，企业和职工的积极性都有所提高，并将传统计划经济体制打开了缺口。

但是，扩大企业自主权的改革思路是在计划经济的框架下进行的，这一阶段国有企业的改革没有也不可能动摇计划经济体制的基础。真正的企业应该是自主经营、自负盈亏的商品生产者和经营者，但是，这一阶段的改革仍然是以产品生产者而不是以商品生产者和经营者作为国有企业改革的目标。

进入实行两权分离阶段后，改革的思路是国家所有权和企业经营权相分离。党的十二届三中全会提出，要按照发展社会主义有计划商品经济的要求，使企业成为自主经营、自负盈亏的社会主义商品生产者和经营者，具有自我改造和自我发展的能力。试图以两权分离促进实现政企职责分开和国有企业向市场主体的转变。

20世纪90年代初，国有企业改革强调转化企业经营机制，贯彻的也是两权分离的思路，主要是通过经营承包责任制实现。但是，实行承包制的企业既不能做到完全自主经营，更说不上能够自负盈亏，也就难以做到自我发展和自我约束。两权分离理论只承认国有企业有经营权，不承认企业作为法人应该有财产权，这就决定了国有企业不可能真正实现自主经营、自负盈亏、自我发展、自我制约，不可能成为真正的企业。

为了使国有企业成为真正的企业，改革的战略指导思想还需要进一步发展和转变。因而，1993年党的十四届三中全会正式提出，建立现代企业制度。1995年党的十四届五中全会正式提出，调整国有经济布局。这两项措施的实质是推进产权改革和所有制结构调整。其理论依据是建立社会主义市场经济体制。

党的十四届三中全会通过的《关于建立社会主义市场经济体制若干问题的决定》，把产权关系明晰作为现代企业制度的第一个特征。国有企业改革的思路又经历了一次飞跃。

我曾提出社会主义国有企业发展的五种递进模式：第一种，实行供给制的企业模式；第二种，实行经济核算制的企业模式；第三种，有简单再生产自主权的企业模式；第四种，有经营权的企业模式；第五种，有法人所有权（法人财产权）的企业模式。

第一种企业模式是马克思主义经典作家曾经设想过的企业模式，他们把整个社会设想为一个大工厂。这样的企业就类似一个车间，用产品分配来代替产品交换，对企业实行供给制的管理办法。这种模式在苏俄战时共产主义时期实行过，在我国革命根据地也曾经实行过。

第二种企业模式在斯大林主持下编写的《苏联政治经济学教科书》中有完整的表述，即企业不仅归国家所有，而且由国家经营，实行经济核算制度。它是苏联和我国以及其他一些社会主义国家改革前实行的模式。虽然也存在商品生产和商品交换，但由于实行统收统支、统销统购，企业是上级机关的附属物，因此并非商品生产者和经营者。

第三种企业模式是孙冶方在 20 世纪 60 年代提出的模式。他把资金价值量的简单再生产和扩大再生产作为划分企业和国家职权的界限，主张企业有资金价值量简单再生产的自主权。

第四种模式是《关于经济体制改革的决定》中肯定的模式，其理论根据是所有权和经营权可以适当分离，国家掌握所有权，企业掌握经营权。

第五种模式主张企业不仅有经营权，而且有法人所有权，国家则保留最终所有权。

以上五种企业理论模式，反映了社会主义企业发展成为真正企业的过程。

（二）国有企业改革从"自主经营、自负盈亏"起步

记者： 改革开放以来的国有企业改革是如何起步的？

周叔莲： 是从 1978 年 10 月四川省选择宁江机床厂等六个企业开展扩权试点开始的。党的十一届三中全会召开以后，国家经委等六个部门

又在北京、上海等城市选择首都钢铁公司等八家企业开展扩大企业自主权的试点。试点得到了许多企业和广大职工的拥护。

随着国有企业改革的普遍开展，给理论界提出了许多必须研究和回答的问题。例如，传统经济理论认为，国有企业是最成熟最彻底的社会主义生产关系，为什么这种生产关系需要改革；经济改革包括多方面的内容，企业改革在经济改革中处于什么样的地位；国有企业改革除了扩权让利外，还应包括哪些内容；怎样才能处理好国有企业改革和发展多种经济成分的关系；等等。对于国有企业的改革目标也有着激烈的争论。

在粉碎"四人帮"后，我和吴敬琏、汪海波合写了一系列拨乱反正的文章，其中有不少涉及企业问题。我们当时提出：企业再生产是整个社会再生产的基础。不充分调动企业的主动性、创造性，社会主义国民经济就不可能迅速发展。我国国有企业没有机动权利和独立性，事无巨细都要向上级机关请示。因此，实行国有企业改革，发挥国有企业的主动性和积极性，就成为社会主义经济体制改革的关键问题。

关于经济改革和企业改革怎样推进，当时有许多不同意见。有人主张立即废除国家所有制，主要发挥个体经济、资本主义经济的作用。我们赞成在公有制为主体的情况下允许各种经济成分存在，但不赞成这些人的主张。我们认为，研究所有制问题必须从实际出发。社会主义经济是我国国民经济的主体，国有经济又占主导地位。无论是发展经济，还是调整所有制，进行经济改革，首先都要高度重视发挥国有经济作用；即使就发挥个体经济和资本主义经济的作用来说，也要以发挥社会主义国有经济的作用为前提。

在改革初期，对于如何扩大企业自主权也有争议。有不赞成的，也有主张尽快扩大的，还有认为国有企业很快就能实行自负盈亏的。我在《扩大企业自主权要有计划有步骤地进行》中提出：扩大企业自主权必须考虑到各种主客观条件，有计划有步骤地进行。这些条件包括国民经济结构的状况，国家经济领导机关的管理能力，企业的经营管理水平，人们对这个问题的认同程度。扩大企业自主权要努力避免盲目性和消极后果。 ·

当时，有些同志认为，国有企业盈亏责任制或盈亏包干的办法比国有企业自负盈亏的办法更好。我分析了盈亏责任制和自负盈亏的联系和区别，提出盈亏责任制或盈亏包干是改革过程中可以实行的一种办法，但企业改革的目标应该是自主经营、自负盈亏。

以后的实践表明，只有在建立了社会主义市场经济体制和现代企业制度之后，国有企业才有可能真正实行自主经营、自负盈亏。

（三）国有企业改革得与失

记者：国有企业改革已历 30 余年，这场漫长的改革是否达到了预期目标？你如何评价 30 余年国有企业改革的得与失、成与败、荣与衰？

周叔莲： 1998 年，在回顾我国国有企业改革 20 年历程时，我提出国有企业改革的主要经验教训有以下十条：

（1）国有企业改革的目标是建立"产权清晰、权责明确、政企分开、管理科学"的现代管理制度。要通过建立现代企业制度，使绝大多数国有企业成为真正自主经营、自负盈亏、自我发展、自我制约的商品生产者、经营者和真正独立的市场竞争主体。

（2）坚持以国有经济为主导、公有经济为主体、多种经济成分共同发展的方针。没有国有经济的主导和公有经济的主体地位，就谈不上社会主义。没有非公有制经济成分的发展，就不能建成市场经济，不能建成有中国特色的社会主义。国有经济的改革要同发展多种经济成分结合起来。

（3）要着眼于搞好整个国有经济，实行分类指导。抓好大的、放活小的，对国有企业实施战略性改组，对国有大中型企业实行规范的公司制改革。

（4）把深化改革和促进发展、提高经济增长质量结合起来。要在改革过程中始终重视企业管理，努力改进加强企业经营管理，把企业改革和企业管理结合起来。

（5）推进企业技术进步，鼓励、引导企业和社会的资金投向技术改造，形成面向市场的新产品开发的技术创新机制，使企业成为技术进步的主体。

（6）实行鼓励兼并、规范破产、下岗分流、减员增效和再就业工程，形成企业优胜劣汰的竞争机制。采取积极措施，依靠社会多方面的力量，关心和安排好下岗职工的生活，搞好职业培训，拓宽就业门路。

（7）实行政企分开，这是深化国有企业改革以及整个经济体制改革的关键。明确国家和企业的权利和责任，转变政府职能，把不应由政府行使的职能转给企业、市场和社会中介组织，改革和调整政府机构。

（8）积极推进各项配套措施改革。建立有效的国有资产管理、监督和运营机制，保证国有资产的保值增值，防止国有资产流失。建立社会保障体系，实行社会统筹和个人账户相结合的养老、医疗保险制度，完善失业保险和社会救济制度，提供基本的社会保障。建立城镇住房公积金，加快住房制度改革。加快金融体制改革，积极稳妥地发展资本市场，培育和发展多元投资主体。

（9）加强企业领导班子建设，建立和完善企业法人治理结构，发挥企业家的作用。

（10）全心全意依靠工人阶级。没有工人群众的支持，企业改革是不可能成功的，企业也是办不好的。

十年之后回头再看，以上的总结是成立的。而且，我国国有企业改革尚未完成：建立和完善现代企业制度有很多工作要做，国有经济布局结构不尽合理，垄断企业改革任务艰巨，国有企业创新能力不强，改革遗留问题需要解决，国有资产管理体制有待改进。

（四）国有企业改革如何再定位

记者： 就世界范围看，国有企业普遍存在代理人偷懒、机制不活、效率不高的问题。中国国有企业也不例外。除了这些弊端，中国国有企业最为人诟病的，是垄断优质资源，导致社会主义市场竞争活力不足；国有企业成为权力寻租、权力分肥的重灾区。既然如此，继续保留庞大规模的国有企业，还有无必要？

周叔莲： 不少研究者主张国有企业改革要再思考，再定位。这是很有必要的，因为中国是按照社会主义市场经济制度的要求改革国有企业的，建立社会主义市场经济制度是史无前例的事业，需要不断思考和探索。关于再定位，如何再定位有很多种不同意见。

第一种意见认为要取消国有企业，实行私有化。理由是国有企业已阻碍我国生产力的发展。我认为，从我国经济发展的情况看，这个理由不能成立。苏联实行私有化引起的恶果，我国"抓大放小"过程中资产流失造成一批暴发户的教训，都不可忘记。而且，国有企业在世界各国是普遍存在的，我国现阶段更不能全盘取消。

第二种意见是主张国有企业完全退出竞争性领域。我认为，国有企业经营范围的发展趋势是一个应该可以研讨的问题。

不过，目前我国仍有 2/3 的国有企业和 40% 的国有资产分布在一般生产加工行业和商贸服务等行业，这些大都是竞争性行业。这种情况虽不合理，却是现实。姑且不论现在全部退出是否可能，如果真的全部贸然退出，也会在经济上和社会上引起混乱，可能又会造成一批暴发户。可行的办法是各种经济成分的企业实行公平竞争，优胜劣汰，使国有经济逐步退出不该进入的行业。

第三种意见认为现在公有制为主体已变为私有制为主体，必须壮大国有经济，既抓大，又抓小，以扭转这种状况。这种意见认为，在社会总资产中公有制经济的资产应占 55%~60%，相应地，其从业人员和产值的比重也应为 50%~60%；2010 年公有制经济的资产比重只有 26.9%，已远低于公有制为主体的临界值。这种意见主张的国有企业改革再定位，似乎是主张退回到原来计划经济为主、市场调节为辅的状况。这显然是违背完善社会主义市场经济体制要求的。

第四种意见主张，国有企业改革再定位不是定位在国有企业本身，而是定位在提升整个国家的经济竞争力和产业有效活力。这种意见认为，过去国有企业改革的目标主要是解决国有企业"善其身"的问题，今后第二次改革目标主要是解决企业"善天下"的问题。

判断国有企业好还是不好，不能仅仅看国有企业自身的状况，重要的是更要看国有企业是否导致整个行业和整个经济体更有活力和效率，特别是市场竞争秩序是否合理，是否保证了公平竞争，非国有企业的竞争环境是否得到改善。这种意见有一定的依据，提出了当前国有企业改革要着重解决的一些问题，应该重视。不过，也要看到，现在国有企业"善其身"的问题还远未解决，而"善天下"就差得更远了。解决国有企业本身的问题仍是国有企业改革的一项极其重要的任务。其实，国有企业改革也是一直从发展整个国民经济着眼的。

随着国有企业改革的深化，改革的内容和重点必然会有变化，前面我提出，我国国有企业的社会主义性质以及国有企业和私营企业公平竞争的问题，就是当前也要关注的问题。更重要的是，要把国有企业改革和政府职能转变紧密结合起来，把经济体制改革和政治体制改革结合起来。这些是原来早就决定而且一再表明要努力完成的任务。现在应该下决心去完成这些任务了。

（五）当前国有企业改革需要解决的重要问题

记者：你刚才提到，现在国有企业"善其身"的问题还远未解决。这些问题表现在哪些方面？

周叔莲：当前国有企业存在的主要问题有：

第一，建立现代企业制度进度迟缓。党的十五大明确要求"力争到本世纪末大多数国有大中型骨干企业初步建立现代企业制度"。目前在120多家央企中，只有寥寥几家实现了股权多元化，极少是混合制股权多元化，实现整体上市的企业还是空白。尤其很多央企还是按照20世纪80年代通过的、现在已经过时的全民所有制企业法建立的国有企业，董事会试点企业只有30多家。很多名义上建立了现代企业制度的企业，也是貌似神非。

第二，国有企业的市场表现不如民营企业和外资企业。根据国务院发展研究中心张文魁的研究，过去几年，国有企业在营业收入、营业利润、总资产、净资产等方面的增值速度，都远不如私营企业，效益指标也远逊于私营企业。

第三，国有经济布局仍不合理，垄断行业改革难，市场公平竞争有阻力。目前，在国民经济95个大类中，国有经济涉及94个行业。其中，在396个国民经济行业类别中，国有经济涉足了380个行业，行业与布局达到 96%。如批发零售餐饮业，目前还有 2 万多家国有企业，是国有企业分布的第二大领域，占全部国有企业的 17.8%。国有企业在一些公用事业和重要工业领域中，通过各种方式阻碍行业开放，使得民间资本难以进入。由于国有企业占用了很多付费很少甚至不需要付费的资源，包括土地、矿产、贷款、特许经营权等，市场公平竞争阻力很大。

第四，国有资产管理体制有缺陷。国有资产管理包括国有资产运营管理和国有资产监督管理两种职能。国资委的特设监管机构的定位及其"出资人"职能使得这两种职能难以分清。

在实践中，国资委的监督管理职能日渐被它的运营管理职能排挤，致使国有企业出现许多乱象，如企业利润随意分配，有的高管肆意贪腐，企业内部和国有企业之间职工收入差别悬殊。由于国资委既当裁判，又当运动员，导致国有企业政企不分的现象依然十分严重。

还需重视的是，从 20 世纪 90 年代开始，许多地方的国有资产出现所谓"平台化"趋势，就是国有资产被流入到新成立的国有公司当中，这个国有公司的主要职能不是日常生产经营，而是所谓的资产经营或资本运作，包括利用流入的国有资产到资本市场融资或到银行借贷，并从事资金分配和股权管理等活动。国有资产的"平台化"不仅模糊了政企边界和企企边界，而且扭曲了资金配置体系，挤压了民间资本的发展空间。

这种趋势是和改革以来一直强调的国有企业的法人资产权和整套法人制度相违背的，其风险和影响需要引起注意。

"十二五"规划建议中提出："要营造各种所有制经济依法平等使用生产要素，公平参与市场竞争，同等受到法律保护的制度环境，推进国有经济战略性调整，加快国有大型企业改革，深化垄断行业改革，完善各类国有资产管理体制。"

从当前国有企业、国有经济存在的问题看，建议提出的要求和任务很有针对性，是完全正确的。

（六）国有企业改革目标的四个维度

五种企业理论模式如下表所示。

五种企业理论模式

企业模式 ＼ 企业特征	产品生产者还是商品生产经营者	独立性	经营自主权	盈亏责任制	所有权
第一种模式	产品生产者	无独立性	无经营自主权	无盈亏责任制	无所有权
第二种模式	产品生产者	有相对独立性	有一些自主权	无盈亏责任制	无所有权
第三种模式	产品生产者	有相对独立性	有简单再生产自主权	无盈亏责任制	无所有权
第四种模式	产品生产者和经营者	有相对独立性	有经营自主权	有盈亏责任制	无所有权
第五种模式	商品生产者和经营者	有独立性	有经营自主权	自负盈亏	有法人所有权

资料来源：作者根据公开资料整理。

记者：党的十八届三中全会将在今年（2013 年）下半年召开。按照以往惯例，此次全会有可能会就进一步改革、发展和完善社会主义市场经济体制提出方案、做出部署。既然历经 30 余年改革的国有企业目前还存在许多严重问题，那么，该如何确立并实现国有企业改革的新目标和新任务？

周叔莲：中国国有企业改革是经济体制改革的重要组成部分，深化国有企业改革是完善社会主义市场经济体制的要求。根据这个要求，中国国有企业改革的目标是多维度的。对此，我认为主要有四个维度的目标。

一是作为企业一般的目标。绝大多数的国有企业都应该是真正的企业，即自主经营、自负盈亏，以盈利为经营目标。要达到这个目标就必须建立产权清晰、权责明确、政企分开、管理科学的现代企业制度，使企业有活力和创新能力。

二是作为国有企业一般的目标。社会主义国家和资本主义国家都有国有企业，而作为国有企业的任务主要是提供公共产品和服务，包括国防产品、基础设施、社会保障、基础研发活动等。国有企业应该很好地完成这个任务。

三是作为社会主义企业的目标。邓小平同志曾经说过，社会主义的本质，是解放生产力，发展生产力，消灭剥削，消除两极分化，最终达到共同富裕。据此，社会主义国有企业改革应该达到分配合理、克服职工收入悬殊、民主管理、保障职工权利、企业盈利全民共享等要求。

四是作为社会主义初级阶段国有企业的目标。现在，中国正处于并将长期处于社会主义初级阶段，国有经济既要发挥主导作用，又要与非国有企业公平竞争。国有经济在国民经济中的主导作用，既要表现在发展生产力上，在改进经营管理、促进技术进步上起到表率作用，也要表现在社会主义的发展方向上，在合理分配、民主管理、承担社会责任上起到模范作用，引导其他企业逐步增加社会主义因素。

国有企业改革四个维度的要求既有区别，又有联系。现在存在着对后两个维度改革目标不够重视甚至忽视的现象，应该注意纠正。只有协调推进、全面完成这四个维度的要求，才能完成深化国有企业改革的任务。

（原载《中国改革》2013 年第 6 期）

四、使市场在资源配置中起决定性作用的针对性和目的性

使市场在资源配置中起决定性作用是党的十八届三中全会《中共中央关于全面深化改革若干重大问题的决定》（下称《决定》）的新提法，党的十八大的提法是"更大程度、更广范围发挥市场在资源配置中的基础性作用"。新提法新在把"基础性作用"改为"决定性作用"。新提法引起了讨论，据说也有争议。我认为，《决定》的这个新提法有很强的针对性和目的性。这些针对性和目的性是完全正确的，因此是一个科学的提法，具有重大的实践意义和理论意义。

《决定》对这个新提法进行了论证，指出："市场决定资源配置是市场经济的一般规律，健全社会主义市场经济体制必须遵循这条规律。着力解决市场体制不完善、政府干预过多和监管不到位的问题。"这里说的"着力解决市场体制不完善、政府干预过多和监管不到位的问题"，就是这个新提法的针对性。显然，市场体制不完善、政府干预过多和监管不到位是客观存在的普遍问题，严重阻碍着我国社会主义市场经济的完善和国民经济的健康发展。正如习近平同志在《关于〈中共中央关于全面深化改革若干重大问题的决定〉的说明》中所说："做出'使市场在资源配置中起决定性作用'的定位，有利于在全党全社会树立关于政府和市场关系的正确观念，有利于转变经济发展方式，有利于转变政府职能，有利于抑制消极腐败现象。"

《决定》还指出：必须积极稳妥地从广度和深度上推进市场化改革，大幅度减少政府对资源的直接配置，推动资源配置依据市场规则、市场价格、市场竞争实现效益最大化和效率最大化。这里提出了这个新提法的目的。概括起来，就是要从广度和深度上推进我国经济体制的市场化改革。《决定》围绕市场在资源配置中的决定性作用，提出了积极发展混合所有制经济、支持非公有制经济健康发展、建立公平开放透明的市场规则、完善主要由市场决定价格的机制、深化行政审批制度改革、克服地方保护主义、发展全国统一市场等一系列深化经济体制改革的具体措施。

有人认为，这个新提法会引起误解。例如认为市场起决定性作用会排除宏观调控，还会泛化市场的决定性作用，误认为我国的整个经济社会的发展和改革事业都要由市场决定。我认为，这些误解完全不符合《决定》的精神。只要认真阅读《决定》，是可以消除这些误解的。首先，《决定》是把"使市场在资源配置中起决定性作用和更好发挥政府作用"作为一句话提出来的。其次，《决定》还指出，政府的职责和作用主要有：保持宏观经济稳定、加强和优化公共服务、保障公平竞争、加强市场监督、维持市场秩序、推动可持续发展、促进共同富裕、弥补市场失灵。最后，《决定》还强调："科学的宏观调整，有效的政府治理，是发挥社会主义市场经济体制优势的内在要求。"

市场在社会主义市场经济中的地位作用以及社会主义市场经济在社会主义社会中的地位作用，是一个极其重要而又极其复杂的问题，《决定》在这些问题上有重要的理论创新和突破。当然，很多问题仍有必要进一步研究讨论，而在讨论中有不同意见是在所难免的，要有包容精神。但问题在于，市场经济总是和特定的制度相联系的，而且是不断发展变化的。例如，美国、德国、日本版的市场经济模式就各有不同，而且都有变化过程。市场在这些国家的经济中起什么作用，如何起作用，除共性外，也有所差别。我们有必要认真研究和吸取资本主义国家市场经济的经验，但一定要从我国实际情况出发，处理好社会主义市场经济中的问题。习近平同志在《关于〈中共中央关于全面深化改革若干重大问题的决定〉的说明》中说："我国实行的是社会主义市场经济体制，我们仍然要坚持发挥我国社会主义制度的优越性，发挥党和政府的积极作用。"他还说："市场在资源配置中起决定性作用，并不是其全部作用。"我体会，后一句话可以引申出几重含义：第一，资源配置是国民经济的一个方面，不是经济领域的所有方面。因此，市场在资源配置中起决定性作用不等于在整个社会主义国民经济中起决定性作用。第二，政治、文化、社会、生态环境等领域的问题涉及资源配置的问题，一般也要使市场起决定性作用。但不能在这些领域的所有方面使市场起决定性作用。《决定》提出要围绕使市场在资源配置中起决定性作用来深化经济体制改革，对于围绕什么来深化政治体制改革、深化文化体制改革、深化社会体制改革，建立生态文明制度、深化党的建设制度改革，《决定》都没有说市场要起决定性作用，而另有表述。第三，即使在资源配置中，也还有市场以外的因素起作用。第四，市场除了在资源配置中起决定性作用，在有些领域还会有其他作用。

这些作用的内容形式都有待进一步研究。如何贯彻落实《决定》提出的"使市场在资源配置中起决定性作用和更好发挥政府作用"的一系列措施，也是需要进一步认真研究的。

(摘自作者在中国社会科学院经济学部2014年2月

学部年会上的发言稿)

五、改革分配制度是转变经济发展方式的重要问题

搞活流通，扩大内需，加快现代服务业发展，都是转变经济发展方式的重要问题。转变经济发展方式是关系国民经济全局紧迫而重大的战略任务，而其关键则是扩大内需，特别是扩大居民消费。扩大内需需要搞活流通，需要加快现代服务业发展，也需要改革和完善分配制度。当前我国消费中的问题主要是由于国民收入分配结构不合理造成的，这是许多人的共识。

（一）我国收入差距问题很严重，要认识这种严重性，而不要制造"理论"掩盖这种严重性

有不少文章全面分析了我国贫富差别问题。我国基尼系数接近 0.5，在 142 个国家中排在第三位，只低于非洲和拉美的少数国家。上市国企的高管与一线职工的收入差距为 18 倍，比社会平均工资高出 128 倍。全国收入最高的 10% 人群和最低的 10% 人群的收入差距从 1988 年的 7.3 倍扩大到 2007 年的 23 倍。世界银行认为，全世界还没有一个国家在短时间内收入差距变化有如此之大。而且，这种差距还将固化并进行代际传承。从长远来看，差距过大将危及国家长治久安。但是，也有文章怀疑我国收入差距是否真的很大。有文章说：有些人看到当今社会穷

的穷、富的富，消费水平相差十倍百倍，不平之心油然而生，但在我看来，人们花钱所带来的享受，在消费的品牌上和穷人拉开了差距。一件名牌服装，据说比普通衣服更舒适一点，更有型一点，更耐穿一点，只是这"一点"区别，却多花了富人大量的钱财。为穿暖，他们只要花1%的钱就够了，而为了这"一点"，他们多花了其余99%的钱。对当前严重的分配不公，我认为不应该这样轻描淡写地描绘和解释。

（二）进一步弄清楚收入差距的情况，并研究有关的分配理论

不久前王小鲁发表文章说，根据他们的调查，2008 年全国有 9.3 万亿元隐性收入和 5.4 万亿元灰色收入。"隐性收入的存在显著扩大了收入差距。以城镇居民最高收入和最低收入各 10%的家庭来衡量，2008 年城镇最高收入家庭与最低收入家庭实际人均收入分别是 13.9 万元和 5350 元，其人均收入差距应从统计数据显示的 9 倍调整到 26 倍。以全国居民最高收入和最低收入各 10%的家庭来衡量，全国最高 10%家庭的人均收入是 9.7 万元，而最低 10%家庭的人均收入是 1500 元，其人均收入差距应从统计数据显示的 23 倍调整到 65 倍，而 2005 年为 55 倍。"[1] 王小鲁的数据反映出我国收入差距比原先公认的数据反映的情况更为严重，有的同志质疑他的调查数据，这方面的情况应该进一步弄清楚。不过我同意王小鲁所说的："当前高收入居民收入状况的统计数据已严重脱离实际，这种情况不改变，会掩盖实情，误导决策"，"不要低估收入差距扩大的严重性"。[1] 不仅要弄清楚收入分配的实际情况，还要进一步研究其发展趋势和有关理论。最近上海《文汇报》发表一篇题目为《对"国民收入倍增计划"不能一知半解》的文章，批评有人主

张今后"城乡人均年收入增长不低于 15%，到 2015 年翻一番，到 2020 年翻两番"的意见。文章说，2000~2009 年，我国城乡人均收入年增长幅度约为 7%，今后十年年均增幅达到 15%难以实现。劳动报酬占 GDP 的比重，多数发展中国家在 30%~40%，发达国家平均水平尚不到 50%，有人要求我国在 2015 年达到 50%，也不现实。[2] 文章指出："在收入分配问题上，缺乏公正是一种让公众不满的麻烦，但乱开让公众兴奋一时的'空头支票'，惹出的麻烦不会比它小一些。"[2] 这一争论提出的问题值得重视。现在对于什么是灰色收入和如何处理灰色收入也有争论，有人认为灰色收入就是黑色收入、非法收入，应该完全说"不"；有人认为灰色收入是个模糊概念，包括非法收入、黑色收入，也可能包括某些合法收入，应该规范、界定、缩小，而不能笼统说"不"，这个问题也值得研究。

（三）当前收入差距问题是经济问题，也是社会问题和政治问题

在一份报纸上看到一篇时评，题目是《收入分配改革不是单纯的经济问题》。[3] 许多文章都强调当前收入分配问题也是一个社会问题。这些意见都使我受到启发。我认为，当前中国收入差距既是经济问题，也是社会问题，还是政治问题。甚至可以说，主要是政治问题，首先要把它看成是政治问题。

首先，从收入差距的影响和后果来看，过大的收入差距不可能建成和谐社会，它必然会影响安定团结，难以使国家长治久安。收入差距急剧扩大是和社会主义原则背道而驰的，会使经济难以持续发展，使社会主义制度更难以持续发展，因此，必须从政治视角看待这个问题。

其次，从收入差距的原因来看，收入差距急剧扩大，表面上看是分配问题，进一步看是经济体制问题，更深一层看还有政治体制问题。王小鲁对灰色收入的调查就说明了这一点。他说，大量现象说明，灰色收入主要是围绕权力产生的，是与腐败密切相关的，往往是来自凭权力实现的聚敛财富，来自公共资金的流失，来自缺乏健全制度和管理的公共资源，或者来自对市场、对资源的垄断所产生的收益。[1] 他所说的权力，首先主要是政治权力。他指出："灰色收入的大量存在严重歪曲了国民收入分配，说明我国在经历了过去 30 多年经济体制改革后，在政治体制改革方面已经严重滞后。"[1]

最后，从如何解决收入差距问题方面来看，要从根本上解决这个问题必须积极稳妥地进行政治体制改革。许多文章对调整国民收入分配格局提出了详尽的对策，包括规范非预算收入，建立健全中央和地方财力与事权相匹配的财税体制，完善政府税收结构，限制行业垄断，规范企业行为，多途径扩展居民收入来源，健全再分配调节功能等。这些都是正确的、必要的。但是，如果不进行政治体制改革，这些措施是难以贯彻实施的。胡锦涛总书记在深圳经济特区30 周年庆祝大会上的讲话中指出：要"全面推进经济体制、政治体制、文化体制、社会体制改革，努力在重要领域和关键环节上取得突破"。[4] 温家宝总理于 2010 年 8 月在深圳考察时也指出："不仅要推进经济体制改革，还要推进政治体制改革。没有政治体制改革的保障，经济体制改革的成果就会得而复失，现代化建设的目标就不可能实现。"[5] 只有积极稳妥地加快政治体制改革的步伐，才能从根本上解决我国的居民收入差距问题，从而也才能顺利实现扩大内需。

参考文献

［1］王小鲁. 灰色收入与国民收入分配［J］. 改革内参，2010（30）.

［2］王志平. 对"国民收入倍增计划"不能一知半解［N］. 文汇报，2010-09-01（10）.

［3］徐冰. 收入分配改革不是单纯的经济问题［N］. 中国经济时报，2010-08-31（6）.

［4］胡锦涛. 在深圳经济特区建立 30 周年庆祝大会上的讲话［DB/OL］. 新华网，http: //news.xinhuanet.com/politics/2010-09/06/c-12523818.htm，2010-09-06.

［5］李斌. 温家宝在深圳强调坚持改革开放推进政治体制改革［DB/OL］. 新华网，http: //news.xinhuanet.com/politics/2010-08/21/c-12469709.htm，2010-08-21.

（原载《中国流通经济》2010 年第 11 期）

六、使劳动力市场由商品市场发展为资本市场

（一）劳动力市场是商品市场还是资本市场

在资本主义市场经济中，劳动力市场是商品市场，在社会主义市场经济中，劳动力市场现在仍是商品市场，但应该发展成为资本市场。

所谓劳动力市场是商品市场，是指劳动者的收入是劳动力的价格，即工资。所谓劳动力市场是资本市场，是指劳动者的收入除了工资，还有利润，即劳动者制造的剩余价值经过分割后，一部分也成为劳动者所得。这里讲的劳动力，包括一切创造价值的劳动力，除了通常说的工人农民的劳动力，还包括从事经营管理科研开发的劳动力。企业家参加经营管理的劳动力，工程技术人员参加科研开发的劳动力，也都创造价值，他们也应该作为劳动者得到收入。这部分收入和凭物质资本以及土地得到的收入不同，是劳动收入，不是不劳而获。

（二）为什么社会主义市场经济中劳动力市场应该是资本市场

首先，这是由社会经济制度的性质决定的。根据劳动价值论，只有

劳动才会创造价值，利润、利息、地租都是剥削。从理论上说，社会主义应该消灭剥削，就是说劳动者创造的剩余价值应该全部为劳动者所得，不应该再像资本主义社会那样归资本所得。由于中国现在还处于而且还将长期处于社会主义初级阶段，不能完全消灭剥削，不能不让资本得到利润利息。不过既然中国已经是社会主义社会，劳动者创造的剩余价值也应该有一部分直接归劳动者所得，就是劳动者既要有工资收入，也要有利润收入。劳动力市场应该由商品市场发展为资本市场。劳动力市场成为资本市场，应该是社会主义市场经济和资本主义市场经济的一个根本区别。这也是实现社会主义按劳分配原则的要求，是防止贫富悬殊的要求，有利于增加居民消费、扩大内需，有利于提高劳动者积极性、创造性和提高劳动生产率，也是中国可以称为社会主义国家的一个标志。

其次，这是由劳动性质的变化决定的。马克思分析过简单劳动和复杂劳动的关系，认为复杂劳动者的工资要高于简单劳动者。由于科学技术的进步和劳动者文化技术水平的提高，现在的劳动和马克思时代的劳动相比，已发生了根本的变化。那时还是蒸汽机时代，现在已是电脑时代，那时的劳动者文化水平很低，现在的劳动者已有相当高的文化水平。中国的劳动者大都是中学毕业生了。这是劳动力市场成为资本市场的物质技术基础。事实上，资本主义国家的劳动力市场也在逐步变为资本市场，人力资本研究已成为经济学的重要内容，人力资本这个概念已为人们普遍接受。中国是社会主义国家，理所当然应该使劳动力市场由单纯的商品市场尽快发展为资本市场。至于有些对文化科技要求不高的劳动，由于它们一般是重体力劳动，或者是劳动条件特别差的劳动，根据商品交换的原则，物以稀为贵，这类劳动力市场也应该成为资本市场。

（三）怎样使劳动力市场成为资本市场

最主要的是使劳动者除了得到工资还得到应得的相应的利润。就是在分割剩余价值时，应使劳动者得到其中的一部分。需要强调的是，劳动者所得的利润，即劳动力资本的利润是劳动者自己创造的价值的一部分，不能因为劳动者得到利润而提高产品和服务价格。

在公有制企业，经营管理人员、工程技术人员和其他员工都是劳动者，都应得到工资和相应的利润。公有资本所得利润可能因此减少，但公有资本仍应得到利润。在市场经济条件下，公有的生产资料也必然要资本化。

在私有制企业，雇用的劳动者除了工资外也应得到利润。这不仅是因为中国是社会主义国家，劳动者的地位作用起了变化，而且这样才能使公有制企业和私有制企业实现公平竞争。如果私有制企业雇用的劳动者得不到利润，一来和公有制企业劳动者的关系不好处理，二来私有制企业由于多分得剩余价值而使利润率高于公有制企业，从而使公有制企业在这方面的竞争中处于不利地位，不利于公平竞争。

外资企业雇用的劳动者也应得到工资和相应的利润。由于工人参与剩余价值分配，将会影响外资企业的利润，从而影响引进国外投资。由于中国是社会主义国家，市场经济必须公平竞争，外资企业也应该使工人在剩余价值中分配到一部分利润。现在中国也不是要降低门槛吸引外资的时候了，而且劳动者分得利润并不影响外国资本家得到应得的利润。

使劳动力市场由商品市场成为资本市场，首先要解决思想认识问题，建立科学的劳动力资本市场理论。其次是要在政策上和法律上规定劳动者除了得到工资还应得到相应的利润，参与剩余价值（利润）的分配，并制定科学可行的法规，贯彻执行。最后是要发挥工会和职代会的作用，还要发挥党的领导作用。党是工人阶级的先锋队，是先进的劳动者的组织。劳动力市场成为资本市场有利于提高劳动者的福利，也是健全和发展社会主义市场经济的需要。

（原载《社会科学报》2013 年 7 月 25 日）

第五部分

转变经济发展方式是全面建成小康社会的保障

一、宏伟艰巨的任务：全面建成
小康社会

（一）全面建成小康社会的意义

小康，语出《诗经·大雅·民劳》。"民亦劳止，汔可小康"，意思是说老百姓劳作不止，目的就是过上小康生活。小康之家乃是一种介于温饱和富裕之间的生活水平。回首中国历史，小康社会作为儒家追求的社会理想，小康生活作为中国人民对宽裕、殷实的理想生活的追求，历经千年而不衰。近代以来，中国陷入内忧外患、积贫积弱的悲惨境地，人民饱受天灾人祸、流离失所之苦，距离小康之梦更加遥远。在中国共产党领导下，中国人民付出了沉重代价，才从根本上改变了自身的前途命运，开启了中华民族伟大复兴的征程。可见，小康社会是中国古代思想家描绘的社会理想，体现了普通百姓对宽裕、殷实的理想生活的追求。小康概念蕴含了几千年来中国人的希冀与期待，具有广泛的群众性。

20 世纪 70 年代末，邓小平同志在设计中国社会主义现代化目标时，运用了小康这个具有浓厚中国气息的概念。党的十二大提出到 20 世纪末，使全国人民的物质生活达到小康水平。党的十三大把小康列为"三步走"发展战略的第二步目标。1990 年，党的十三届七中全会对小康的内涵第一次作了具体描述，指出所谓小康水平，就是指在温饱的基础上，生活质量进一步提高，达到丰衣足食。党的十五大确立了建党一百年和新中国成立一百年的奋斗目标，确认在 20 世纪末能够如期实现党在改革开放初期提出的小康目标。党的十六大宣称我国已总体实现小康，提出到 2020 年全面建设小康社会的目标，从经济、政治、文化、可持续发展的四个方面界定了全面建设小康社会的具体内容，对更加全面、更高水平的小康社会做出了新的描绘和要求。党的十七大延续十六大主题，根据发展的新形势，取得的新成就，对全面建设小康社会目标作了进一步完善。党的十八大继往开来，提出到 2020 年实现全面建成小康社会的目标，在党的十六大、十七大确立的全面建设小康社会目标的基础上努力实现新的要求，即经济持续健康发展，人民民主不断扩大，文化软实力显著增强，人民生活水平全面提高，资源节约型、环境友好型社会建设取得重大进展。党的十八大确立的全面建成小康社会的目标和要求，更加生动具体地展示了全面小康社会的美好愿景，标志着我国距离实现现代化和中华民族伟大复兴的目标更接近了。

全面建成小康社会的目标和意义集中体现在"全面"和"建成"两个限定语上，难点和重点也体现在这两个限定语上。"全面"在内容、地域、群体等方面提出了比"总体"更高的要求，在内容上强调扭转经济发展与政治、文化、社会、生态等领域的不同步问题，在地域上强调欠发达地区更快发展和城乡协调平衡发展，在群体上强调更快提高中低收入者福利，使他们同步进入全面小康社会。"建成"在语义上为完成时，表示特定阶段的结束和既定目标的实现。"建设"在语义上为进行时，强调实现目标的动作和过程。全面建成小康社会之所以具有强大的感召力，因为它顺应了人民过上更好生活的期盼，对发展成果真正惠及全体人民做出了庄严承诺，必将激励全体人民为实现中华民族伟大复兴的中国梦而齐心奋斗。党的十八大以来，我国经济建设、政治建设、文化建设、社会建设、生态文明建设协调推进，越来越接近目标，但全面建成小康社会的征程仍有许多困难和挑战需要应对。

全面建成小康社会是我国现代化建设整体进程中的一个重要里程碑。小康社会是社会主义现代化必经的一个发展阶段，是"三步走"战略中第二步的中心目标。我国 21 世纪前 50 年的发展分"两步走"，第一步是到 2020 年全面建成小康社会，第二步是到新中国成立 100 周年建成富强、民主、文明、和谐的社会主义现代化国家，实现中华民族的伟大复兴。从总体小康到全面小康，是中国现代化过程中从温饱有余的中等收入阶段逐步向高收入阶段的转换期，是基本实现社会主义现代化战略目标必经的一个承上启下的重要发展阶段。全面建成小康社会是基本实现现代化的前提和基础，基本实现现代化是在全面建成小康社会基础上的全方位提升和超越。这个目标的实现既面临有利条件，也面临巨大挑战。从有利条件看，我国经济基础扎实，科技和教育稳步提升，人力资源充沛，体制改革不断深入，凝聚国内外生产要素的能力较强，完全有条件推动经济社会发展和综合国力再上新台阶。从不利条件看，随着国家从低收入经中等收入向高收入阶段迈进，土地、能源、资本、劳动等生产要素成本迅速上升，生产要素边际报酬趋于下降，如果不能及时成功地转变经济发展方式，不能保持持续的技术创新、管理创新和制度创新，生产要素生产率得不到相应提高，经济增长就会由于失去驱动力而停滞，就可能无法顺利完成工业化并进而实现现代化，进入发达国家行列。

（二）不要把全面建成小康社会看容易了

改革开放以来，我国经济发展取得了举世瞩目的成就：现在经济总量仅次于美国，位居世界第二大经济体，2012 年 GDP 总量达 8.23 万亿美元，接近世界 GDP 的 12%；人均 GDP 为 6100 美元，人均国民总收入（GNI）为 5740 美元。世界银行每年 7 月 1 日都根据前一年的人均国民收入（GNI）水平来修订世界经济体的分类。2013 年 7 月 1 日，世界银行根据人均国民总收入做出的世界经济体分类如下：低收入为 1035 美元及以下，下中等收入为 1036 美元至 4085 美元，上中等收入为 4086 美元至 12615 美元，高收入为 12616 美元及以上。根据世界银行的这个分类，以人均国民收入为标准，我国已经进入上中等收入发展中国家的行列，人均国民收入在上中等收入国家中处于较低水平。党的十八大提出了两个倍增的经济指标，即国内生产总值和城乡居民人均收入 2020 年比 2010 年翻一番。2020 年两个倍增目标实现以后，我国人均国民收入按目前汇率估算大约为 1 万美元，按 2013 年标准仍处于上中等收入国家水平。如果考虑到人民币升值因素，到 2020 年我国人均收入可能在上中等收入国家中处于较高水平。实现两个倍增目标的难点是实现人均 GDP 和城乡人均收入的同步增长。在上中等收入国家中稳步提高自己的位次，缩短与高收入国家的差距，努力实现人均 GDP 和城乡人均收入的同步增长，这样才能为 2020 年全面建成小康社会后向高收入国家迈进奠定坚实基础。

一般来说，一个国家的经济发展需要经历三个阶段。第一阶段是从低收入到中等收入阶段。这是经济发展的起飞阶段，从传统经济向现代经济发展转变的阶段。第二阶段是从下中等收入到上中等收入阶段。这是又一个重要的经济和社会转型期，是从经济欠发达成为经济比较发达的关键阶段。在此期间，如果转型成功，经济将保持持续增长，顺利实现经济起飞，进入上中等收入国家行列；如果转型不成功，经济增长缓慢甚至出现负增长，则可能落入"中等收入陷阱"。第三阶段是中等偏上收入向高收入经济体的过渡阶段。这是知识和技术为导向的创新驱动的经济发展阶段，经济发展主要依靠制度、管理、技术、人力资本实现要素利用效率的提高。从国际经验看，在进入上中等收入阶段后经济增长需要新的动力驱动，如果找不到新的驱动力，经济增长将面临下行压力，难以进入高收入经济体。我国经济发展前景有两种可能性：一是经济持续稳定协调发展，人均收入稳步提高，成功完成工业化，实现现代化，顺利进入高收入发达国家行列；二是经济发展停滞甚至社会动荡，落入"中等收入陷阱"。

从低收入到中等收入，主要是从传统农业社会向工业化社会转变，生产内容和形式虽有很大变化，但劳动本质变化不大，传统农业是以重复性劳动为主，工业则以引进和消化其他国家和地区的技术为主，自主创新不多。从中等收入到高收入，则是工业化从初级阶段到高级阶段的变化，经济发展必须建立在技术、管理和制度创新基础上，实现从重复性劳动向创造性劳动的跨越。重复性劳动与创造性劳动的比重和质量的变化，在经济发展阶段上具有本质差别，是经济社会发展阶段演进的决定性力量。社会经济发展依赖于扩大再生产，而扩大再生产又依赖于生产要素的数量和利用效率。低收入阶段建立在手工劳动基础上，扩大再生产规模很小，速度极慢。以外延扩大再生产为特征的中等收入阶段，主要依靠生产要素数量增加；以内涵扩大再生产为特征的高收入阶段，主要依靠技术、管理、人力资本、制度创新来提高生产要素利用效率。可见，生产要素利用方式不同导致生产要素利用效率差异，进而形成不同的经济发展方式。不同收入阶段所处的本质特征不同，从中等收入到高收入阶段不只是量变过程，更重要的是质的差异，以为只要复制高收入国家有关经济和社会方面的政策措施，就可以顺利进入高收入阶段，将会事与愿违。

缩小居民收入差距，形成中等收入者占绝对多数的"两头小、中间大"的橄榄型收入分配格局是全面小康社会区别于总体小康社会的重要标志，也是减少社会冲突和动荡、实现社会公平和经济社会可持续发展的客观要求。由于收入的边际消费倾向递减，收入分配差距过大容易导致有效社会消费总需求不足，对经济增长具有遏制效应。收入分配不公还在微观经济层面加剧劳动力的不合理流动，使企业缺乏稳定的技术人员和熟练的职工队伍，降低企业的创新能力。过去几年，我国出现了收入分配不公、贫富差距扩大的问题，劳动收入增长缓慢而资本的收入增长较快，一线技术人员和生产人员收入偏低，制造业和实体经济部门吸引高素质人员的能力降低。如果这种状况持续下去，收入分配差距和不平等程度继续扩大，就会对制造业和实体经济发展造成更大损害，进而制约国民经济发展。陷入"中等收入陷阱"的国家，普遍没有解决好收入差距扩大、贫富不均问题。全面小康要求收入差距合理，中等收入群体持续扩大，贫困人口大幅度减少。人民收入水平全面提高持续增加，必须依靠生产要素效率的提高和形成合理的收入分配制度。这也是全面建成小康社会面临的困难。

经济发展是全面建成小康社会的基础，但经济发展目标并不是全面建成小康社会目标。全面建成小康社会由五个目标体系组成，除了经济建设目标之外，还包括人民民主不断扩大的政治建设目标、文化软实力显著增强的文化建设目标、人民生活水平全面提高的社会建设目标与资源节约型、环境友好型社会建设取得重大进展的生态文明建设目标。随着收入和生活水平的提高，人们越来越强烈地感觉到人与自然和谐的重要性。一旦人与自然失去和谐，没有清新的空气，没有洁净的水，没有充分的阳光，没有良好的生产生活环境，物质生活条件再优越也无法带来幸福。事实充分表明，即使如期完成了经济建设这一重要目标，如果其他目标没有达到，也不能说全面建成小康社会的目标实现了。

我国已经实现的总体小康是低水平、低标准、不全面、不平衡的小康。低水平、低标准是指刚刚跨入小康社会门槛，人均 GDP 还比较低，人们享受的小康生活水平不高，不仅同发达国家相比差距比较大，同一些比较富裕的发展中国家相比也有很大差距。不全面是指所覆盖的人群不全面，农村有很多贫困人口的温饱问题还没有解决，城镇中有许多人还生活在最低生活保障线以下。总体小康对提升精神文明、生态环境建设和可持续发展等方面要求不高，社会保障不健全，精神生活需要丰富，环境质量亟待改善。全面小康是经济、政治、文化、生态和社会全面发展，强调平衡、协调和可持续发展，是一个更高水平、更高标准、更加全面、发展质量更高的小康阶段，人民生活更加殷实、宽裕。全面建成小康社会前行道路上需要破解工业化、信息化、城镇化、农业现代化等难题，继续巩固和推进初步建成的小康社会，完成从"总体小康"到"全面小康"的转变。

改革开放 30 多年来我国取得了经济持续快速发展的奇迹，但发展代价过高，社会不公平与矛盾不断积累，发展中不平衡、不协调、不可持续问题突出，部分地区的资源环境承载能力接近极限，主要依靠物质投入的传统发展方式与资源环境间的矛盾日益加剧。不仅中西部地区与东部沿海地区差距过大，东中西部内部欠发达地区与发达地区差距也很大，许多欠发达地区经济社会发展水平明显低于全国平均水平，发展不平衡的态势没有得到根本扭转。在人民生活方面，人均收入增长长期低于人均 GDP 和财政收入增长，城乡发展差距和居民收入分配差距过大，一些关系群众切身利益的问题尚未处理好，生态环境恶化的局面还没有得到有效控制，群体性事件时有发生，社会矛盾和社会冲突有所加剧。如果继续通过牺牲环境追求经济增长，不仅需要支付巨额的环境治理费用从而制约经济发展和收入增长，而且可能陷入环境危机和社会危机。

长期以来，我国经济发展在相当程度上依靠劳动密集型产品和高技术产业中的低技术环节，国际竞争力过度依赖劳动力、资源和环境的低价格。制造业主要集中在产业链中低端，国际分工地位亟待改善。当今国际竞争力越来越取决于自主创新能力，如果跟不上科技进步的步伐，势必拉大与发达国家的差距。我国创新能力与发达工业化国家相比还有很大差距，总体上看，整体自主创新能力不高，缺乏核心技术和自主知识产权，企业创新能力不强。

随着人均收入提高，生产要素供给发生新的变化，能源资源约束更趋强化，低成本优势逐步削弱，在低端市场难以延续以往的发展方式。在中高端市场，由于研发能力和人力资本条件制约，提高国际竞争力也困难重重。在这种上下挤压的环境中，必须及时调整产业结构，培育新的竞争优势，以免在国际市场竞争中丧失优势和发展后劲，最终失去经济增长的动力，导致经济大幅度减速甚至停滞。全面建成小康社会还要求大力推进城镇化与工业化的良性互动，解决城乡发展不协调不平衡的问题。城乡协调平衡发展不仅是工业化的结果，也是工业化进一步推进的条件。城乡协调平衡发展既是资源从低效率部门向高效率部门转移的过程，也是经济结构优化和人均收入增长的过程。城镇化通过大规模基础设施建设来消化工业产能，释放消费潜力，推动经济增长。由于城镇化加快人口集聚，不同利益群体近距离聚集，也使社会矛盾传导速度加快，城乡不协调不平衡的问题显化。城镇化过度滞后于工业化和城镇化过度超前于工业化都不利于经济社会健康发展。发展经济学将城乡发展不协调不平衡定义为二元社会。西里尔·E.布莱克在分析日本和俄国的现代化时，曾经对二元社会进行过形象的描述："在这两个国家都出现了二元社会。一端是官员、知识分子和大公司的许多雇员，他们分享着工作有保障这种难得的权利。另一端则是普通的农民，他们缺乏最起码的教育，在城市社会里往往只能找到临时的和低等的工作。"[1] 刘易斯等创立的二元经济理论被认为是分析发展中国家二元经济社会的基础理论。根据二元经济理论，发展中国家的工业化，使农业劳动力源源不断地从农村转向城市，因而工业化的过程也是农民的市民化过程。城镇化不是把低收入的农村居民转化为低收入的城镇居民，也不是为城市工商业发展提供低价格的劳动力以及为城市居民提供低价格的服务。给予进城农民群体公平的就业机会及提高其收入水平，是城镇化的基本要求。

我国城乡二元结构的外在表现主要是城乡发展不协调不平衡。城市化滞后于工业化，农民市民化滞后于城市化。农民工市民化受到多方面制约，农民工中只有少部分人能够享有与城镇居民基本等值的公共服务，普遍处于半市民化状态。他们的职业与身份相分离，普遍以农民的身份从事非农职业。能否在经济发展的基础上，实现农民市民化和人的城市化，是我国全面建成小康社会面临的又一个难题。这个难题难在城乡居民收入差距过大，农村社会保障制度不健全，教育机会不均等，公共服务产品匮乏等现实问题。必须通过推进城乡户籍制度、农村土地产权制度、城乡社会保障制度和政府财政税收制度等领域改革，推动农民工市民化进程，妥善处理农民工和农村人口在城市就业、定居与社会融入等方面的问题，同时着力新农村建设，加快农村现代化步伐，这样多管齐下，才能解决好城乡二元结构、城镇化与工业化发展不协调等问题。

（三）转变经济发展方式是关键

作为描述经济发展总体性质和特征的一个经济学范畴，经济发展方式是一个经济体的核心和根本。经济发展方式合理与否，关系到经济增长速度和发展质量，关系到经济结构调整和优化，关系到全面建成小康社会目标能否如期实现。转变经济发展方式是指经济系统由现实状态向目标状态演进的条件和路径，本质上是优化生产要素利用方式。人类社会早期，经济发展很大程度上带有自发演进特点，现代经济发展由于人类理性的增强及对经济社会发展规律认识的提高，人的行为有更明确的目的。经济发展方式转变是其内部各因素在各种外部因素不断推动作用下，按照客观规律向更高层次转变的动态过程，是要素配置方式变化和制度变迁过程。

经济增长是源于生产要素的增加还是技术进步导致的生产要素利用效率的提高，这是经济学研究的重要问题。古典经济学家和发展经济学家特别强调资本积累对经济增长的推动作用。20 世纪 60 年代，索洛认为，资本积累和技术进步在经济增长过程中相互融合，不可分割。20 世纪 80 年代，以罗默、卢卡斯为代表的内生增长理论进一步阐明了技术进步和人力资本对经济增长的意义。20 世纪 90 年代之后，经济学家更加强调二者相互融合对生产率提高和经济增长的重要作用。总的来看，我国以往的经济发展主要是依靠资源和资本等生产要素驱动。以可耗竭生产要素为驱动力的经济增长，其本质是粗放型、非持续的经济增长。新古典主义经济学家认为在市场经济条件下，国民生产总值是通过劳动和资本的投入创造出来的。这种由可耗竭生产要素驱动的经济增长预示国民收入的增长取决于要素投入数量的增加。在生产要素投入数量不能增加时，国民收入增长随之停止。在生产要素驱动模型中，劳动和资本按一定比例进行配置，国民收入增长由短缺的生产要素数量和增长水平决定。当某种生产要素出现短缺时，国民收入也将停止增长。生产要素增长模型揭示了在生产要素不能增加时，国民收入停止增长的内在机理。如果不进行技术、管理和制度创新，即使生产要素增加，也会因为边际产量递减而使经济增长速度降低。可见，不改变主要依靠生产要素投入驱动经济增长的粗放型增长方式，结果必然是经济增长速度减慢甚至是停滞，可能落入中等收入陷阱之中。

经济增长理论的发展过程，揭示了经济增长的动力即资本、技术及二者的融合与经济增长的密切关系。生产要素投入数量的增长和利用效率的提高都可以增加国民收入。但劳动与资本等生产要素投入数量受到劳动力供给与资源禀赋的约束，经济发展不可能长期依靠生产要素数量的增加。技术创新、管理创新和制度创新导致的生产要素利用效率的提高，才是经济发展长期可以依赖的关键要素和主导力量，我国发展决不能忽视这一点。

转变经济发展方式的经济学标志是生产要素利用效率的持续提高。提高生产要素利用效率，要求通过技术创新、管理创新和制度创新优化生产要素配置，使经济发展从依靠生产要素量的投入为主转变为依靠技术管理进步和生产要素利用效率提高为基础，从依靠土地、矿产、能源、环境等可耗竭资源为主转变为依靠人力资本、技术、管理、制度等不可耗竭资源为主。当前我国的经济发展方式之所以过度依靠可耗竭资源，原因在于制度和体制缺陷，主要是土地、资本和一些重要矿产资源税收体系不健全，开发和利用的监管不到位，资源产品价格不能反映市场供求关系、资源稀缺程度和环境成本，助长对它们的滥用和浪费。低技术、低附加值为主要特征的劳动密集型产业与部分资本密集型产业转型升级缓慢，高技术、高附加值的技术密集型产业和知识密集型产业发展滞后，也与不正确的市场信号的导向有关。

我国国际竞争力相当程度仍表现为价格优势。近几年生产要素成本的上涨对企业竞争力的影响非常明显。2005 年汇改以来，人民币实际有效汇率升值的幅度在 30% 左右。劳动力生产和再生产成本以及劳动者的实际工资也有较大幅度上涨。据估计，2008 年金融危机以来，中国单位产出劳动力成本上升25%左右，同一时期欧洲和美国由于工资的下降和生产效率提高，单位产出劳动力成本略有降低，中国劳动力成本相对欧美这两个主要贸易伙伴上升30%左右。今后一个时期这种趋势可能延续。如何化解成本上涨对经济的冲击，是我国面临的长期挑战。

转变经济发展方式，必须提升产业层次，优化经济结构，形成能够支撑上中等收入的经济体系。低端制造业主要依靠压低劳动者收入赢得竞争优势。进入上中等收入经济体后，相当部分低端制造业不经过改造提升将难以存活。实际上，高收入发达经济体无一不把技术创新和管理创新作为驱动增长的根本源泉。在这些国家和地区，技术创新对经济增长的贡献率普遍达到70%以上。经过30多年的持续高速增长，我国经济中的结构性问题日趋突出，必须把解决结构失衡问题置于经济发展的优先位置。我国能否继续提高人均收入，关键在于能否解决经济结构失衡的问题。根据钱纳里等的研究[2]，经济增长过程就是经济结构转变的过程，经济结构转变推动经济发展。创新能力的提高，在市场条件下表现为技术进步、生产率提高引起产业结构变动。技术进步的结果是，生产率提高较快的产业在产业结构中的比重趋于上升，生产率增长较慢的产业的比重则有所下降，消耗实物资源少的产业比重增加，消耗实物资源多的、增加值小的产业比重减少，最终表现为产业升级。只有推进技术、管理和制度创新，才能实现经济结构的重大变革，推动经济持续发展和国民收入水平的不断提高。

2006年世界银行发表的一篇题为《东亚复兴——经济增长的思路》的研究报告第一次提出"中等收入陷阱"的概念，引起了世界各国的关注。其背景是，一些发展中国家和地区在摆脱贫困走向现代化过程中，片面追求经济快速增长，忽视技术进步和结构优化，以致出现收入分配失衡、资源环境代价过大和社会发展滞后等问题。这些国家和地区虽然大多能够成功跨入中等收入经济体，但在人均收入达到中等收入水平以后，一些国家和地区经济增长动力便减弱，甚至长期陷入停滞状态，不能成功地跻身高收入经济体。它们既无法在工资方面与低收入经济体竞争，又无法在尖端技术研制方面与高收入经济体竞争。

观察"中等收入陷阱"要透过现象看到本质。从现象看，"中等收入陷阱"是一个国家或地区从低收入水平发展成为中等收入水平后，经济不再保持高速增长，经济增长率出现停滞或回落的现象。从本质看，"中等收入陷阱"是一个经济体从中等收入向高收入迈进的过程中，既不能重复又难以摆脱以往由低收入进入中等收入的发展方式，出现经济增长的停滞和徘徊。"中等收入陷阱"的提法虽然存在争议，但我国经济继续增长面临资源环境约束强化、收入分配差距扩大、居民消费能力不强、产业结构不合理等一系列问题制约，如果这些问题不能及时解决，经济增长就会受到严重阻碍，与发达国家的差距继续拉大，妨碍从中等收入国家迈向高收入国家。

转变经济发展方式的基本和主要机制是市场的激励和约束作用。在成熟市场经济体制中，企业具有自觉转变经济发展方式的外在压力和内在动力。市场机制越完善，企业转变经济发展方式的压力和动力也越强。企业能否自觉转变经济发展方式，关系到自身市场竞争力的强弱。市场竞争力的强弱直接影响企业的切身利益，为了自身经济利益，企业必须不断提高发展质量，转变自己的经济发展方式。市场机制促进企业转变经济发展方式，主要通过竞争机制来实现。充分竞争的市场环境能够对企业加快转变经济发展方式形成巨大的外部压力，企业经济发展方式与其自身利益直接结合，能够对企业加快转变经济发展方式产生内在动力。由于企业利益机制和市场竞争机制内在于成熟的市场经济中，所以，成熟的市场经济体制具有促进企业加快转变经济发展方式的功能。

我国必须形成既具有自己特色又能发挥竞争作用的成熟的市场经济体制，构建能够反映资源稀缺程度和市场供求关系的价格形成机制，规范企业开发利用资源的行为，将环境污染、生态破坏等负外部性内部化，形成正确的市场信号和利益导向，才能发挥市场激励和约束机制对企业转变经济发展方式的促进作用，促进产业结构从劳动密集型、低附加值为主向资本和技术密集型、高附加值为主转变，铲除制约经济发展方式转变的体制障碍。

（四）全面深化改革是保障

全面深化改革是坚持和发展中国特色社会主义的必由之路，也是全面建成小康社会必不可少的保障。全面建成小康社会要求加快建设社会主义市场经济、民主政治、先进文化、和谐社会和生态文明，解决发展中不平衡、不协调、不可持续的问题，推动经济更有效率、社会更加公平、国家更可持续发展，让改革发展成果更多更公平惠及全体人民，逐步实现全体人民共同富裕。也就是要求正确处理政府和市场关系，加快形成成熟、定型的社会主义市场经济体制，构建服务型政府，形成公平发展的制度环境，实现经济、社会以及其他领域的协同进步。因此，党的十八大统一提出了全面建成小康社会和全面深化改革的"两个全面"的纲领。全面建成小康社会必须以全面深化改革为保障。没有改革的全面深化，就不可能实现全面建成小康社会目标。

从现在起到 2020 年全面建成小康社会只有不到七年的时间，经济社会发展任务千头万绪。这期间既是工业化、信息化、城镇化和农业现代化快速推进的黄金期，也是经济发展方式加快调整和社会利益格局剧烈变化、体制改革不断应对新挑战的关键时期，短期困难和长期问题交织在一起，经济社会发展中有许多突出矛盾和问题亟待解决，尤其是经济增长动力不足、发展质量不高、科技创新能力不强、资源环境约束加大、城乡发展不协调不平衡和居民收入差距过大、制约科学发展的障碍较多等一系列突出问题。如果不能全面深化改革，破除妨碍经济社会平衡协调可持续发展的思想观念和体制机制弊端，解决发展中面临的一系列突出矛盾和问题，就不能全面建成小康社会，并为全面建成小康社会之后继续向高收入经济体迈进奠定体制基础。全面建成小康社会面对的困难和问题只能通过全面深化改革来加以解决。因此，全面建成小康社会需要全面深化改革来保障。

《中共中央关于全面深化改革若干重大问题的决定》提出到 2020 年，在重要领域和关键环节改革上取得决定性成果，形成系统完备、科学规范、运行有效的制度体系，使各方面制度更加成熟更加定型。经济体制改革是全面深化改革的重点，核心问题是处理好政府和市场的关系，使市场在资源配置中起决定性作用和更好发挥政府作用。习近平总书记在关于《中共中央关于全面深化改革若干重大问题的决定》的说明中进一步提出，面对新形势新任务新要求，全面深化改革，关键是要进一步形成公平竞争的发展环境，进一步增强经济社会发展活力，进一步提高政府效率和效能，进一步实现社会公平正义，进一步促进社会和谐稳定，进一步提高党的领导水平和执政能力。

处理好政府和市场的关系，使市场在资源配置中起决定性作用和更好发挥政府作用，需要我们加深对社会主义市场经济的认识。在现代市场经济条件下，市场是"看不见的手"，在资源配置中发挥决定性作用；政府是"看得见的手"，主要是加强市场监管，克服市场失灵。无论是使市场在资源配置中起决定性作用，还是更好发挥政府作用，关键是明确政府和市场的边界及"两只手"的协调配合。社会主义市场经济体制与其他类型的市场经济体制一样，都是以市场作为资源配置的基础性、决定性手段，在市场这只"看不见的手"的作用下，社会资源获得优化配置。只有公平的市场竞争，才能有效地决定价格，优胜劣汰。不公平的竞争，尽管也是竞争，却难以达到资源优化配置的目标。从这个意义上说，公平竞争是社会主义市场经济的命脉和本质性特征。无论是国有企业还是民营企业都需要在竞争中锻炼自己，发展自己。如果存在公平竞争的环境，国有企业和民营企业的效率都会增加。在竞争充分的环境中，无论国有企业还是民营企业，如果效率没有增加，不能和同行业的其他企业进行竞争，就会在市场竞争中淘汰。对于国民经济中的可竞争性领域，应该允许国有企业与民营企业公平竞争，鼓励企业通过提高创新能力和生产效率来获得经济资源和竞争优势。各类企业公平竞争、适者生存、优胜劣汰，整个经济体才能充满活力和不断提高效率。

更好发挥政府作用要求构建服务型政府，进一步提高政府效率和效能。服务型政府是在人本理念指导下和民主秩序的框架下，通过法定程序组建起来的以为人民服务为宗旨的政府。构建服务型政府，必须科学界定政府职能，将市场可以有效发挥作用的领域交还市场，依靠市场规律发挥作用。政府则在经济调节、市场监管、环境保护、社会管理和公共服务方面发挥积极作用，弥补市场失灵，保持宏观经济稳定。当前要以解决市场体系不完善、政府干预过多和监管不到位问题为重点，进一步简政放权，最大限度减少中央政府对微观事务的管理，尽快做到"三个一律"，即市场机制能有效调节的经济活动，一律取消审批；直接面向基层、量大面广、由地方管理更方便有效的经济社会事项，一律下放地方和基层管理；深化投资体制改革，除关系国家安全和生态安全、涉及全国重大生产力布局、战略性资源开发和重大公共利益等项目外的企业投资项目，一律由企业依法依规自主决策。要提供更多优质公共服务，通过保障和改善民生，使广大群众共享改革发展成果，促进共同富裕。

能否着眼于整个国民经济，推动公平竞争制度建设，营造各种所有制经济依法平等使用生产要素、公平参与市场竞争、同等受到法律保护的体制环境，事关全面建成小康社会的制度保障。当前改革应以可竞争性市场结构构建和公平竞争制度建设为主线，统筹社会福利、产业效率和企业绩效，加强反垄断的力度和机构建设，改善监管，推动网络设施开放使用，形成兼有规模经济和竞争效率的全国统一市场。同时，改革妨碍公平竞争的政策，清理要素配置、市场准入、进出口管制中保护垄断企业的政策。对于邮政、铁路、公路、石油天然气管道、重要桥梁、大型水利工程和电力生产供应等基础设施和公用事业领域，其产品或服务具有公共物品的性质，规模经济性强，在技术经济上要求保持物理和经营管理上的整体性，可以授权一家或少数几家国有企业垄断经营，非国有资本可以股权投资形式进入，但要防止相关企业凭借网络设施排挤竞争者，滥用市场优势地位。随着社会主义市场经济体制的成熟定型和民营经济成长，逐步降低上述领域对国有经济的依赖，实现从一股独大向股权分散的社会化企业的转变。对于资源类产品和服务的进出口，应放宽市场准入，允许更多的经营者经营，以便对国内垄断企业形成一定的竞争压力。

城乡二元结构是我国经济社会发展中长期没有解决的一个结构问题，是制约城乡发展一体化的主要障碍。我国农业基础仍然薄弱，城乡之间在劳动力就业、居民收入、基础设施建设和公共服务水平等方面还存在明显差距。我国以往城镇化的基本特点是以农民工为主体，以流动就业为主要形式，没有很好地完成农村人口向城镇人口的"落户"迁徙。能否确立公平、分享、关怀的理念，摒弃传统的城乡隔离政策和城市倾斜政策，建立城乡开放、统一的生产要素市场，尤其是城乡统一的劳动力市场，解决农民市民化问题，保证城镇公用基础设施和基本公共服务、社会福利与保障的普遍提供，消除针对进城农民工的歧视性政策和非均等化待遇，是全面建成小康社会必须完成的一个艰巨任务。为此，必须通过全面深化改革，加快构建以工促农、以城带乡、工农互惠、城乡一体的新型工农城乡关系，大力促进公共服务资源在城乡、区域之间的均衡配置，缩小基本公共服务水平差距，完善城镇化健康发展体制机制，促进城镇化和新农村建设协调推进。

参考文献

［1］［美］西里尔·E.布莱克等.日本和俄国的现代化——一份进行比较的研究报告［M].用师铭等译，北京：商务印书馆，1984.

［2］［美］H.钱纳里，M.塞尔昆.发展的型式：1950~1970［M].北京：经济科学出版社，1988.

（与刘戒骄合作，原载《中国延安干部学院学报》2014年第2期）

二、全面实现小康社会目标与实践科学发展观

党的十七届三中全会对我国农村经济体制改革和发展进行了系统的论述和全面的安排，总体上可以理解为全面实现小康社会的新目标。因为在中国，只有农村能够从经济、政治、文化、社会、生态环境等方面实现小康社会，才能说我们真正全面实现了小康社会。党的十七大以来全面实现小康社会新目标是党中央的总体战略部署。系统提出并努力实现这种更高目标的必要性在于顺应人民过上美好生活的新期待，把握经济和社会发展的趋势和规律，同时也给予人民更高的信心。我们相信，只要认真实践科学发展观，全面实现小康社会新目标是完全有可能的。有中国共产党的领导和全国各族人民的共同努力，全面实现小康社会的必要性和可行性都是毋庸置疑的。但是，也必须清醒地看到，由于我们发展所面临的经济环境、社会环境、国际环境和自然资源环境都发生了巨大的变化，对全面实现小康社会新目标的困难性和艰巨性，要有足够的估计和认识。我们认为，要实现全面建设小康社会的新目标，需要紧紧抓住创新、公平正义、国民素质和生态文明等几个关键性问题，而要解决这些关键性问题，就必须深入实践科学发展观。只有在科学发展观的指导下，努力解决我们所面临的这些实际问题，才能全面实现党中央提出的小康社会新目标。

（一）创新是实现经济"又好又快"发展的关键

长期以来，从城市到农村，从工业到农业，经济快速发展一直是我们的目标。一个"快"字确实使我国一直处于全世界快速发展的前列。但是，这样的"快"却是以资源和能源的高消耗，甚至以环境的高污染和严重破坏为代价的，这种发展方式并不具有可持续性。党的十七大"促进国民经济又好又快发展"已经从理论认识上纠正了"快"字当头的发展方式，确立了"好"字当头的新发展模式。一个"好"字，虽然是一个比较简单直白的价值判断，却把国民经济的持续、稳定、和谐和科学发展的内涵全部包括进去了。那么究竟什么样的发展才能称得上是"好"呢？正如党的十七大报告所强调的，未来新时期的发展必须"在优化结构、提高效益、降低消耗、保护环境的基础上"实现人均再翻两番。为了实现这样的目标，就必须强调自主创新能力的提高和科技进步对经济增长的贡献率，努力使我国进入创新型国家行列。总结我国改革开放以来的经济发展可以看出，发展的关键在于技术和制度的创新。试想，如果没有制度和技术的创新，怎么会有今天发展的新局面？

加快转变经济发展方式，在完善社会主义市场经济体制的前提下，大力推进经济结构的战略性调整，提高自主创新能力是我们面临的新任务和新课题。如何促进国民经济又好又快发展，具体体现在八个方面：提高自主创新能力，建设创新型国家；加快转变经济发展方式，推动产业结构优化升级；统筹城乡发展，推进社会主义新农村建设；加强能源资源节约和生态环境保护，增强可持续发展能力；推动区域协调发展，优化国土开发格局；完善基本经济制度，健全现代市场体系；深化财税、金融体制改革，完善宏观调控体系；拓展对外开放广度和深度，提高开放型经济水平。这八个方面从国民经济的总体和结构上准确把握发展的质量，亦即"好"的判断标准和努力方向，其中首要的是提高自主创新能力，建设创新型国家。因此，这不仅是一个理论分析的价值判断问题，更主要的是一个要创新改革和发展的实践路径问题。

在科学发展观的指导下，把单纯的转变经济增长方式进一步提高到转变经济发展方式是对经济社会协调发展更加全面和深刻的认识。发展不同于增长，增长主要是指国民生产总值的增加，它以产出量作为衡量尺度，而发展较之于增长具有更广泛的含义，它既包括产出扩大，也包括分配结构的改善、社会的变迁、人与自然的和谐、生活水平和质量的提高，以及自由选择范围的扩大和公平机会的增加。经济增长强调财富"量"的增长，而经济发展强调经济"质"的提高。经济总量的增长必然要伴随结构的变化，经济结构中产业结构、区域结构、消费结构的变化还会带来社会结构的变化。由转变经济增长方式到转变经济发展方式，反映了我们对经济发展规律认识的深化。落实科学发展观就是要认识并立足我们的国情，实事求是，努力推进发展方式的转变，促进经济社会全面和谐发展。我们的现实国情是什么样的呢？

我国经济发展最重要的是资源问题。党的十七届三中全会特别强调，要牢牢守住18亿亩耕地这条红线。我国的可耕地面积现在只有18.27亿亩，已经接近18亿亩的最低警戒线。如果不转变发展方式和农村的经营方式，任由侵占耕地的现象继续蔓延，保证吃饭的耕地就已经是问题。我国矿产资源丰富但人均占有量少，资源产出率低，利用效率低，资源消耗高。目前，我国矿产资源总的回采率仅为30%，对共生、伴生矿进行综合开发的仅有1/3，采选综合回收率及综合利用率也分别只有30%，远低于世界平均水平。这些都严重制约了原有经济发展方式的继续推进。

在资源中，能源和水的问题更加突出。作为制造业大国，我国既是产成品出口大国，又是能源消费增长较快的国家。2000 年我国的能源消费总量为13.85 亿吨标准煤，到 2007 年已经增长到 26.55 亿吨标准煤，七年增长了 91.7%。能源供需缺口由 7.3%扩大到 12%。我国人多水少，水资源时空分布不均，水土资源与经济社会发展布局不相匹配。我国人均水资源为 2200 立方米，约为世界人均水平的 1/4，正常年份全国缺水量接近 400 亿立方米。部分流域和地区水资源开发利用程度已接近或超过水资源和水环境的承载能力。随着经济社会发展和人民生活水平的提高，对水资源的需求呈增长趋势，而水资源开发利用和江河治理的难度越来越大，水资源短缺问题将不断加剧。

所有这些集中起来就是一个问题：必须通过创新，走资源节约型、环境友好型的发展道路。在要素投入上，要使经济增长由主要依靠增加物质资源消耗向主要依靠科技进步、管理创新转变，这是实现小康社会目标颇为艰难的问题。我们需要摒弃坐而论道、纸上谈兵，真正面对经济发展中存在的实际问题，通过技术和制度创新寻找解决之道。

创新是一个新技术的产业化问题。这不仅需要大量的风险资本投入，更需要社会为创新提供制度保证、政策引导和市场环境。创新是一个庞大的社会工程，需要从社会制度、文化环境、价值观和道德规范等各个方面为鼓励创新营造环境，才能使我国逐步发展成为创新型国家，逐步走上资源节约型、环境友好型发展道路，实现国民经济又好又快地发展。

（二）公平正义是小康社会目标的关键要素

公平和正义是和谐社会良性运行的目标，属于道德哲学的范畴，同时也是法律的准则。按照亚里士多德的理解，公平首先是分配的公平，其次是交易的公平和损害补偿的公平。在分配领域，长期以来，"效率优先，兼顾公平"已经成为我国分配体制改革的理论共识，并成为我国市场经济发展中得以贯彻的方针政策。但是，强调效率的结果是居民收入差距越来越大。权威的经济学统计分析表明，我国的基尼系数已经超过了 0.4 这个国际公认的警戒线。这一结论也得到了实际经济统计部门的认同。这种情况不利于经济的发展和社会的稳定。如何通过公平分配实现社会和谐是实现小康社会的重要目标。党的十七大报告提出"初次分配和再分配都要处理好效率和公平的关系，再分配更加注重公平"。这是针对我国分配领域的实际情况和存在的问题所提出的理论新认识和政策新取向。

初次分配就强调兼顾公平，在理论认识方面是对"效率优先、兼顾公平"的进一步发展和完善。如果在初次分配中过分强调效率，致使分配的结果显失公平，往往会导致适得其反的效果。这些年来，城乡之间、区域之间、行业之间收入差距进一步扩大，甚至已经超过了社会可容忍的界限。虽然国家通过再分配的手段进行调节，但是，由于资源占有的初始条件存在差异，特别是一些处于垄断地位的行业，在价格机制不能充分发挥作用的领域，收入分配差距过大的趋势依然在蔓延。以税收为主要来源的国家财政收入的增长率明显高于 GDP 的增长率，而工人劳动工资的增长率则低于经济增长率。根据国家统计局的数据，中国职工工资总额占 GDP 的比重 1995 年为 13.3%，到 2007 年下降到 11.3%，"利润侵蚀工资"的现象普遍存在。而同期的税收收入占 GDP 的比重则由 9.9% 上升到 18.3%。劳动报酬在初次分配中的比重逐年降低，致使居民收入在整个国民收入中的比重逐步降低。在企业内部，高层管理人员的收入和普通劳动人员的收入差距也在成倍甚至数十倍地扩大。相关媒体报道，我国金融业的高级管理人员年薪有的高达6000多万元，这与一般行业中普通工人不足2万元的工资收入相比，3000倍以上的差距应该说已经足够大了！这种局面仅仅依靠个人所得税的调节来体现公平是极其有限的。

通过初次分配处理好公平和效率的关系，有利于企业职工和高层管理人员之间的和谐，有利于提高工作效率，也有利于社会的稳定，同时能够降低再分配的调节难度。兼顾公平和效率，就要坚持和完善按劳分配为主体、多种分配方式并存的分配制度。党的十七大报告特别提出，"逐步提高居民在国民收入分配中的比重，提高劳动报酬在初次分配中的比重，着力提高低收入者收入，逐步提高扶贫标准和最低工资标准，建立企业职工工资正常增长机制和支付保障机制"。同时要创造条件让更多群众拥有财政性收入，加大税收调节力度，打破经营垄断，扩大转移支付，逐步扭转收入分配差距扩大的趋势。这是社会主义分配理论的新发展。

未来的小康社会，公平正义和民主文明是社会和谐的具体目标。在分配领域要通过发展改善民生，使每一个人都能够公平享有发展所带来的好处。如果发展仅仅使得少数人积累大量财富和掌握更多的社会权力，而绝大多数人并没有从发展中获得应有的利益，那么，社会福利总函数就不仅没有增大，反而会进一步减小。这样的发展是有悖于和谐社会目标的，因而也是和科学发展观相违背的。从这个意义上说，落实科学发展观就要构建社会和谐的分配机制、社会保障机制和民主公平的环境。

（三）国民素质是小康社会的重要指标

人是一切社会生产关系的总和。国民素质既是社会发展的目的，也是社会发展的条件。社会发展本身就是每个人的自由全面的发展，以人为本、促进社会发展是小康社会新目标的重要组成部分。党的十七大从现代国民教育体系的形成、社会就业更加充分、城乡社会保障体系的建立、合理有序的收入分配格局的形成、消除贫困现象、加强基本医疗卫生服务等各个方面对社会发展目标进行了勾画和诠释，这些都构成了未来小康社会发展的新目标。所有这些归结起来其实都是为了人，为了人的综合素质的提高和自由全面发展。要全面提高人的素质，教育是最不容忽视的重要方面。

要转变经济发展方式，建设创新型国家，实现中华民族的伟大复兴，最重要的是培育我国人力资源优势。"优先发展教育，建设人力资源强国"，这是针对我国在国际市场竞争中的地位和环境，为从根本上真正实现民族振兴大业所提出的本质要求。我国有 13 亿多人口，是名副其实的人口大国。较多的人口为经济发展中的劳动力供给提供了基础，但是，人多并不等于人力资源多。最关键的因素在于劳动力的素质是否适应产业发展和经济增长的要求，是否适应创新型社会的要求。在现代市场经济条件下，科学技术越来越成为生产力的主要因素，甚至是第一生产力要素。只有真正掌握了现代科学技术知识和技能的人，才称得上是人力资源。人力资源的培育唯有教育一途，要建设人力资源强国，必须优先发展教育。我们应该意识到这样一个基本公式：人口大国×教育质量=人力资源强国。

早在 1985 年，邓小平同志就讲过，"一个十亿人口的大国，教育搞上去了，人才资源的巨大优势是任何国家比不了的"。[①]改革开放以来，我国大力发展教育事业，在基本普及九年义务教育的同时，积极发展高

---

① 邓小平文选（第三卷）[M]．北京：人民出版社，1993．

等教育，重视职业技术教育，强化继续教育，努力提高教育质量。应该说人力资源的开发基本上适应了经济发展的要求，但是，与发达国家相比，我们在人力资本结构方面，在专业人员的基本技能和素质方面，在开发创新能力方面，在劳动生产率的提高方面，还存在着较大的差距。人力资源方面的这些差距，构成了我国产业在国际竞争力方面的"短板"，使我国产品的技术含量和附加价值大大低于发达国家。

教育的发展程度还是小康社会发展的重要指标。首先，教育公平是社会公平的重要基础。要全面贯彻党的教育方针，要给每个人提供接受教育的机会，使每个公民都能够德智体美全面发展，成为合格的社会主义建设者和接班人。其次，教育是健全社会风尚的有力武器。把建设良好的社会风尚作为教育的一个主要环节，坚持育人为本，德育为先，是建设小康社会的重要指标。

在以人为本的文化建设方面，党的十七大提出要以"明显提高全民族素质"为目标，要能够使社会主义核心价值体系深入人心。面对这样艰巨的任务，不啻为一种新的万里长征。

（四）生态文明在未来小康社会中占突出位置

首先是环境问题。我国的经济发展还面临着严重的环境约束。大气污染、水污染已经危及人民群众的基本生活。工业粉尘、煤烟、二氧化硫等排放总量在不断增加。我国北方广大地区植被破坏严重，导致草场沙化、荒漠化，每年春天都出现沙尘天气，甚至发生沙尘暴等自然灾害。气候变暖导致冰川退缩、海平面上升、绿洲沙化，干旱、洪涝和台风频发。酸雨蔓延导致土壤酸化，破坏土壤的营养，使土壤贫瘠化，危害植物的生长，造成农作物减产，河流、湖泊鱼虾减少或绝迹，森林锐减使其涵养水源的功能受到破坏，造成了物种的减少和水土流失，对二氧化碳的吸收减少进而又加剧了温室效应。土地荒漠化致使每年有数百万亩的农田和牧区失去生产能力。年初发生在我国南方广大地区的冰雪灾害更为我们敲响了警钟。

实践科学发展观，全面建设小康社会必须把环境友好放在突出位置。中国的工业化经过了30年的大力推进，已经进入到中期阶段，目前的一个阶段性显著特征是重工业化呈现加速趋势，这必然会带来资源、能源的消耗总量和污染物的排放量急剧上升。中国已经成为世界上最大的加工贸易国，仅2007年的贸易顺差就超过2622亿美元，这2622亿美元的产品供外国公民消费，同时意味着能源消耗和污染排放都留在了中国。作为加工贸易大国，这种局面短期内不可能发生根本改变，因此，节约资源和保护环境就成为我国工业化发展的关键环节，是我们实现工业化和现代化的重中之重。从一定意义上说，现代化过程就是在科技进步的推动下，经济不断发展、产业结构逐步优化升级的过程。形成现代产业体系，需要从多个方面采取措施，其中最重要的是坚持走科技含量高、经济效益好、资源消耗低、环境污染少、人力资源优势得到充分发挥的中国特色新型工业化道路，以信息化带动工业化，以工业化促进信息化。

中国在未来的二三十年内能否实现可持续发展，一个关键的问题在于资源，特别是能源的供给能力和环境承载能力。2007年我国的石油对外依存度已经达到47%，正常情况下这一比例还会上升。2008年7月国际石油期货市场的收盘价一度达到每桶147美元，国际市场的铁矿石价格在三年翻一番的水平上，2008年的协议价格又上涨了65%以上。毫无疑问，未来的工业化和现代化之路明显面临着资源和环境的双重约束。从现实国情出发，"节能、减排、降耗"已经成为现阶段我国经济发展的"硬指标"。我们要在科学发展观的指导下，使经济发展从根本上由主要依靠增加物质资源消耗向主要依靠科技进步、劳动者素质提高、管理创新转变。同时要加大技术开发和自主创新的力度，提高产品的附加价值，提升高新技术产业在现代产业体系中的比重，增强自主品牌产品的国际竞争力。加快发展现代服务业，使经济发展降低对资源和能源的依赖度，推动产业结构优化和升级。建设资源节约型、环境友好型社会，使经济发展与人口资源环境相协调。

生态文明是我国经济社会发展面临的新要求。随着经济快速增长，生态环境越来越考验经济发展的可持续性。我们要从产业结构、增长方式和消费模式三个方面形成节约能源资源和保护生态环境的新发展模式，就必须大力发展循环经济，努力提高可再生能源的比重，以更加严格的标准减少污染物的排放。这是时代的要求，是生态文明观念的体现，更是今后经济管理的着力点。

应当特别强调的是，资源节约、环境友好不仅体现在生产领域，也体现在消费领域和社会生活的各个方面。党的十七大报告指出，"必须把建设资源节约型、环境友好型社会放在工业化、现代化发展战略的突出位置，落实到每个单位、每个家庭"。要"基本形成节约能源资源和保护生态环境的产业结构、增长方式、消费模式"。这是在科学发展观指导下，为全面实现小康社会，建设生态文明，实现经济、社会和环境的全面协调可持续发展所提出的基本要求。长期以来，理论界比较关注产业结构的升级和增长方式的转变，认为这两个方面是缓解资源和环境约束的主要途径，却忽视了不适当消费模式所带来的负面影响。

生产决定消费。但是，没有消费就没有生产，消费的观念和行为也影响着生产，这是马克思主义经济学的基本观点。要实现经济和社会的可持续发展，消费模式是一个重要的变量。在我国的能源消费结构中，电力的消费一半以上是生活消费，这是由于冰箱、电视、空调、电脑等各类家用电器的普及形成的消费结构所带来的直接结果。当中国的工业化历史性地与信息化相遇时，电子信息产品的极大丰富也推进了消费结构的升级，手机等通信工具和视听产品的更新换代速度过快也导致信息电子垃圾超速增长；塑料引起"包装革命"的同时也催生了"白色污染"的加剧；房地产业在改善居民住房条件的同时也在侵占耕地，在拉动经济增长的同时也在引起能源和原材料供应的紧张；汽车进入家庭是中国经济生活发展的必然，而带来的能源消费、环境污染、道路拥堵同样不利于环境和生态文明。

新的消费模式应该在科学发展观指导下，在全社会牢固树立生态文明的观念，建立起崇尚节俭，降低消耗，保护环境的社会价值观体系。

（五）全面实现小康社会新目标必须坚持以科学发展观为指导

上述几个方面是全面实现小康社会新目标所面临的主要现实问题。要解决这些问题就必须坚持以科学发展观为指导，努力实践科学发展观。"科学发展观，第一要义是发展，核心是以人为本，基本要求是全面协调可持续，根本方法是统筹兼顾。"这是对科学发展观的系统总结和全面阐述。我们要全面实现小康社会新目标，就必须对科学发展观全面理解，认真领会，深刻把握，努力实践，才能在构建和谐的小康社会过程中全面落实。

科学发展观的第一要义是发展。20 世纪 80 年代以来，中国共产党领导中国人民，坚持改革开放，一心一意谋发展，人均 GDP 从 200 美元发展到今天近 2400 美元的经济水平。加入世界贸易组织以后，中国的国际贸易额每年都以 20% 以上的速度在发展。人民生活从温饱到小康的事实是对"发展才是硬道理"的最好诠释。科学发展观的第一要义是发展，实质上就是对邓小平同志"发展才是硬道理"的科学论断的继承和发展，同时也是全面实现小康社会目标的理论基础。

科学发展观的核心是以人为本。以人为本是马克思主义的人类社会发展观。一切科技的进步和经济的发展都要围绕人的自由全面发展，这才是社会发展的正确方向和未来小康社会的更高目标。30 多年来，中国解决了 13 亿人口的温饱问题，这只是基本上实现了小康社会的经济目标。毫无疑问，既然共产党人把最广大人民的利益作为发展的出发点和落脚点，那么，首先实现生产发展和生活富裕的目标就是以人为本的发展观的具体体现。但是仅有这些还远远不够，除了物质富裕，以人为本更多的应该体现为人的价值和尊严。科学发展观就是要创造一种和谐的社会环境，使每一个人的价值都能够为社会、为人类充分发挥出来，每一个人的尊严都能够得到充分维护和尊重。在这样的目标之下，发展就不单单是经济的发展，而更多的则是社会的发展、文化的发展和人的自由全面的发展。这应当是小康社会的远景目标。围绕这样的目标，一切经济发展、社会制度安排都有了以人为本的价值核心。

科学发展观的基本要求是全面协调可持续。要实现全面协调和可持续发展，就不是一个单纯的经济发展问题，必须按照科学发展观的基本要求，按照中国特色社会主义事业的总体布局，全面推进经济建设、政治建设、文化建设和社会建设。为此，必须坚持生产发展、生活富裕、生态良好的文明发展道路，才能真正建立起资源节约型、环境友好型社会，实现经济、社会、人口、资源和环境相协调的永续发展。这应当理解为小康社会的总体目标。

科学发展观的根本方法是统筹兼顾。我国国民经济总量已经达到

24.66万亿元的水平，这个发展的结果足以令人自豪。但是，也应当看到，近些年来，贫富差距进一步拉大了。地区之间、城乡之间、行业之间的收入差距都在进一步扩大。从统筹兼顾这个科学发展观的根本方法出发，就要从深化分配体制改革入手，统筹个人利益和集体利益、局部利益和整体利益、当前利益和长远利益，使城乡之间、地区之间、行业之间的利益差距逐步缩小，使经济和社会能够和谐发展。这应当是小康社会的结构性目标。

科学发展观把发展作为第一要义，围绕以人为本这个核心，坚持统筹兼顾的根本方法，把构建社会主义和谐社会作为目标，使整个理论系统得以完整体现。胡锦涛同志在党的十七大报告中明确指出，"社会和谐是中国特色社会主义的本质属性。科学发展和社会和谐是内在统一的。没有科学发展就没有社会和谐，没有社会和谐也难以实现科学发展。构建社会主义和谐社会是贯穿中国特色社会主义事业全过程的长期历史任务，是在发展的基础上正确处理各种社会矛盾的历史过程和社会结果"。这是对科学发展和和谐社会最为辩证的理论分析和论证，这种互为因果的关系是过程和结果的统一。在科学发展观的指导下，我们要在生产发展和生活富裕的基础上，进一步实现公平正义、民主文明、生态良好的新目标，共同建设、共同享有人与社会、与自然的和谐。这就把科学发展观与全面建设小康社会的目标统一起来了。只有在科学发展观的指导下，准确把握和下大功夫解决这些关键问题，我们才能真正实现全面建设小康社会的新目标。

参考文献

[1] 中国共产党第十七次全国代表大会文件汇编［M］.北京：人民出版社，2007.

[2] 江泽民.在中国共产党第十六次全国代表大会上的讲话［M］.北京：人民出版社，

2002.

　　[3] 邓小平文选（第3卷）[M]. 北京：人民出版社，1993.

　　[4] 周叔莲. 党的十五大报告在经济理论方面的创新和贡献 [J]. 中国工业经济，1998（2）.

　　[5] 周叔莲. "十六大"报告在经济理论上的创新 [J]. 特区理论与实践，2003（1）.

（与张世贤合作，原载《党政干部学刊》2009年第1期）

三、努力跨越"中等收入陷阱"

　　党的十八大要求我国到 2010 年实现全面建成小康社会的宏伟目标。党的十八大报告中指出：根据我国经济社会发展实际，要在党的十六大、党的十七大确定的全面建设小康社会目标的基础上，努力实现新的要求：经济持续健康发展，人民民主不断扩大，文化软实力显著增强，人民生活水平全面提高，资源节约型、环境友好型社会建设取得重大进展。可见，2020 年全面建成的小康社会是发展改革成果真正惠及十几亿人口的小康社会，是经济、政治、文化、社会、生态文明全面发展的小康社会，它将为实现社会主义现代化建设的宏伟目标和中华民族的伟大复兴奠定坚实的基础。全面建成小康社会的重要条件之一是避免陷入"中等收入陷阱"。国际经验表明，一个国家由中等收入迈进高收入阶段的任务极其艰巨复杂，很多国家落入"中等收入陷阱"。能否跨越"中等收入陷阱"，对我国也是一个重大考验。为了努力跨越"中等收入陷阱"，要求从理论和实践的结合上认真研究"中等收入陷阱"的现象、本质、原因，找到科学和可行的避免落入陷阱的办法。本文准备就这个问题提出几点不成熟的看法，就教于读者。

（一）应该重视"中等收入陷阱"问题的研究

　　21 世纪初，我国进入中等收入阶段。2007 年，世界银行在《东亚复兴——关于经济增长的观点》一书中提出要"避免中等收入陷阱"。此后，"中等收入陷阱"问题引起我国经济学界的关注，开展了热烈的讨论。我们研究"中等收入陷阱"的主题是研究中国会不会陷入"中等收入陷阱"和如何避免陷入"陷阱"。对中国会不会陷入"中等收入陷阱"是有不同看法的。有些人强调中国还有 20 年高速增长期，不会陷入"陷阱"。多数人则认为中国有陷入"中等收入陷阱"的风险。有人概括主要有五个风险：一是增长动力减弱，发展进程放缓甚至可能停滞；二是出现比较严重的财政或金融风险；三是出现较大范围或规模的社会动乱；四是环境承载力减弱，制约进一步发展；五是国际政治经济环境变化多端，陷入政治经济军事冲突的可能性增大（课题组：《中国跨越中等收入阶段的有利条件和未来发展面临的挑战》，《经济要参》，2011 年第41 期）。

有人不赞成使用"中等收入陷阱"这个概念，认为每个国家的经济发展都会有自己的瓶颈，所谓的"陷阱"和收入水平没有必然联系，并认为我们一直在研究中国经济未来如何健康、稳定、持续增长，换个提法和命题研究同一问题并没有多少新意，还会导致单纯追求 GDP 的偏向（张学良：《理性思考中等收入陷阱》，《文汇报》，2012 年 1 月 19 日）。我认为这个看法是有一定根据的。"中等收入陷阱"这个概念并不精确，讨论中确实要防止一些偏向。但是，研究这个问题还是必要的。首先，中等收入阶段是客观存在的，"中等收入陷阱"也具有普遍性；其次，低收入阶段、中等收入阶段和高收入阶段都有"陷阱"，但是中等收入阶段的陷阱有其特殊性；再次，研究世界上许多国家陷入"中等收入陷阱"的原因和防治"中等收入陷阱"的经验，不仅有理论意义，而且有实践意义；最后，中国已面临着落入"中等收入陷阱"的风险，研究这个问题有很强的针对性。

　　研究"中等收入陷阱"不仅是换一个提法和命题。即使换一个提法和命题，由于视角的转换和扩展，也可能看到新的问题，会有新的发现。这几年对于"中等收入陷阱"的研究已取得了一批研究成果。有些文章把"中等收入陷阱"和世界工业化进程联系起来研究，在国际比较中发现了与"中等收入陷阱"有关的一些典型化事实。例如，与先进国家相比，后进国家以较少的时间完成大体相同的工业化城市化"工作量"，增长速度在"挤压"之下提高，出现了高速增长期，一旦"挤压"增长潜力释放完毕，将会合乎逻辑地发生增长速度回落。又如，工业化过程有两种不同类型的增长回落，一种是落入"中等收入陷阱"时发生的增速回落，另一种是高速增长潜力基本释放完毕的情况下出现了进入中速增长和高收入阶段标志的增速回落。这两类增长回落有相似之处，但重要的是两者的区别。再如，"成功追赶者"当高速增长接近尾声，增速开始"下台阶"时，经济结构也会出现急剧变化，趋势是工业比重趋稳并逐步下降，服务业取代工业成为经济增长的首要动力，投资比重下降，消费比重上升，但此时的结构调整并非由于服务业比过去增长更快，而是由于工业增长趋缓相对提升了服务业的比重。投资消费的比例也属于这种"相对变化"。另如，随着增长速度下降，增长动力机制也将发生实质性改变，由此引出增长模式转变的问题。增长模式的转变是体制、战略、政策的系统改变。（刘世锦：《中国经济增长模式评估与转型选择》，《改革》，2012 年第 1 期）

　　研究"中等收入陷阱"确有其局限性。这个概念不是很准确的。世界银行提出这个概念是以一个国家（地区）的人均 GDP（准确说是 GNI）作为划分收入阶段的界限的，但是人均 GDP 并不能准确反映产业结构、积累消费、居民收入、生活水平等情况。人均 GDP 相同或相仿而居民收入和生活水平却可能很不相同。由于物价汇率等原因，用 GDP

比较不同阶段也有困难，在不同国家不同时间之间进行比较困难更大。即使使用通常的国际元来比较，也不是很准确。对于美英等主要发达国家何时进入中等收入阶段，至今未见有明确一致的说法。有人认为工业化中欧美等先行国家由于是技术前沿的开拓者，因而实现长期持续增长，给人的印象是它们未曾陷入过"中等收入陷阱"。有的文章又说美国在 1929~1940 年和 1944~1960 年经历过十多年的持续停滞，英国也在 1943~1954 年经历过 12 年的持续停滞，这又表明美国和英国也曾陷入过"中等收入陷阱"。

研究"中等收入陷阱"要防止可能出现的一些偏向。由于以 GDP 划分阶段，有些人误认为规避"中等收入陷阱"就是要使 GDP 高增长。某校一次干部学习班讨论中国如何规避"中等收入陷阱"时，第一条意见是坚持加快发展速度，理由是"中等收入陷阱"最突出要害之处就是经济徘徊或停滞，最关键最有效之举就是加快发展不停步。这种意见显然是片面的，正如有人提出的，"要特别注意防止以突破中等收入陷阱之名，单纯追求 GDP 增长之实"。

世界银行的一份报告中说：许多经济体常常都能够非常迅速地达到中等收入发展阶段，但是只有很少国家能够超越这个阶段。这个观点曾被很多文章引用。但是，说"许多经济体常常都能非常迅速地达到中等收入发展阶段"未必符合历史事实。有些人说改革后中国用了 20 多年就从低收入阶段进入中等收入阶段，并以此说明低收入阶段的发展比中等收入阶段的发展容易。但是，他们没有计算中国改革以前低收入阶段的时间。从新中国成立到改革就经历了三十年，还没有计算新中国成立前的时间。事实上，自鸦片战争后中国就已经开始工业化，并努力跨越低收入阶段的"贫困陷阱"，直到 21 世纪初才进入中等收入阶段，用了一个半世纪的时间。世界上这种长期艰难跨越"贫困陷阱"的国家并不鲜见，现在世界上还有十亿人口在低收入国家，中国也还有一些地方处于低收入阶段。因此不能为了强调"中等收入陷阱"的严重性而把跨越"低收入陷阱"说容易了。

研究"中等收入陷阱"不能和"低收入陷阱"、"高收入陷阱"完全割裂开来。处于不同阶段的国家（地区）面临不同的发展问题，但许多问题及其原因是有连续性的。中等收入阶段的问题可能是低收入阶段延续下来的。有些问题在低收入阶段没有成为"陷阱"，但在中等收入阶段成为"陷阱"了。中等收入阶段没有解决的问题，也可能在这个阶段没有成为"陷阱"，而在高收入阶段就成为"陷阱"。所以，要把中等收入阶段的发展问题和低收入阶段、高收入阶段的发展问题联系起来研究。防治"中等收入陷阱"既要治标，也要治本，这样才可以为高收入阶段的健康持续发展打下基础。

跨越中等收入阶段就进入高收入阶段，有人估计，顺利的话，中国不到十年就会进入高收入阶段。因此需要认真思索一个问题：中国要建成什么样的高收入国家？一种普遍的倾向是把欧美发达国家的高收入作为理想目标，认为进入高收入阶段就是实现美国那样的生活方式和消费模式。现在有一种现象，为了高增长，就要求高消费，生产成为目的，消费成了手段。在生活不富裕，正常消费得不到满足的情况下，努力增加生产、扩大消费是必要的，但消费是不是越高越好呢？高消费是否就是健康消费呢？高消费是否有利于人的自由全面发展呢？尤其是，如果全世界近六十亿低收入、中等收入国家的居民都像美国那样高消费，实现美国的生活方式和消费模式，地球能否承受得了呢？提出和研究这些问题当然不应该得出结论说低收入国家和中等收入国家不应该进入高收入国家，但是必须思考在高收入国家如何建成健康的、富裕的、可持续发展的生活方式和消费模式，建成与之相适应的经济发展方式。这是一个决定人类前途命运的问题。

党的十八大在指出我们各方面工作取得新的重大成就的同时，也指出必须清醒看到我们工作中存在的困难和问题。它们主要是："发展中不平衡、不协调、不可持续问题依然突出，科技创新能力不强，产业结构不合理，农业基础依然薄弱，资源环境约束加剧，制约科学发展的体制机制障碍较多，深化改革开放和转变经济发展方式任务艰巨；城乡区域发展差距和居民收入分配依然较大；社会矛盾明显增多，教育、就业、社会保障、医疗、住房、生态环境、食品药品安全、安全生产、社会治安、执法司法等关系群众切身利益的问题较多，部分群众生活比较困难；一些领域存在道德失范、诚信缺失现象；一些干部领导科学发展能力不强；一些基层党组织软弱涣散，少数党员干部理想信念动摇、宗旨意识淡薄，形式主义、官僚主义问题突出，奢侈浪费现象严重；一些领域消极腐败现象易发多发，反腐败斗争形势依然严峻。"这些困难和问题性质有别，程度不同，作用也有差别，但都会影响顺利实现全面建成小康社会，也都是可能导致落入"中等收入陷阱"的隐患。这就充分说明，研究"中等收入陷阱"问题是必要的。

（二）用科学发展观指导研究"中等收入陷阱"问题

我们必须以科学发展观为指导来研究"中等收入陷阱"问题。党的十八大报告指出："科学发展观是马克思主义同当代中国实际和时代特征相结合的产物，是马克思主义关于发展的世界观和方法论的集中体现，对新形势下实现什么样的发展、怎样发展等重大问题做出了新的科学回答，把我们对中国特色社会主义规律的认识提高到新的水平，开辟了当代中国马克思主义发展新境界。"科学发展观明确地回答了为谁发展的问题，指出发展是为了广大人民，为了实现人的自由全面发展。"中等收入陷阱"问题也是发展问题，必须以科学发展观为指导思想，才能使这项研究成为真正的科学。

研究"中等收入陷阱"尤其要具体深入分析其原因，这样才能对症下药，找到跨越"陷阱"的科学办法。导致"中等收入陷阱"的原因很多。各个国家有不同的原因，一个国家不同年代落入"陷阱"的原因也会不同。而且原因是有层次的，有表层的，较深层次的，根本的；还有内因外因之分，有时外因比内因更为重要。弄清楚一个国家为什么落入"中等收入陷阱"，要具体研究这个国家的社会经济发展史。在国别研究的基础上，可以概括出不同类型国家落入"陷阱"的一些共同原因和根本原因。如果不进行具体研究，概括出来的原因可能失之笼统，不完全符合甚至完全不符合实际情况。有一篇文章说，一些国家困在"陷阱"最为重要的原因是贫富差距过大，形成了两极分化，能否阻止贫富分化，是能否跨越"中等收入陷阱"的关键所在。这个说法似乎过于笼统，贫富差距过大确实是很多国家落入"陷阱"的一个重要原因，但不一定是最为重要的原因，不能说阻止贫富差距一定是跨越"中等收入陷阱"的关键。

这篇文章指的可能是一些拉美国家，但这样分析拉美国家的"中等收入陷阱"也过于简单笼统。拉美一些主要国家在 19 世纪 70 年代工业化开始起步，在 20 世纪六七十年代增长很快，但后来增长一度停滞倒退，经过一百年的发展，仍然没有走出中等收入阶段，没有进入高收入阶段。因此，"中等收入陷阱"也被称为"拉美陷阱"。一些拉美国家为什么落入"中等收入陷阱"，一般认为主要有四个原因：一是长期僵化地实施进口替代发展战略；二是没有解决好收入分配不公平问题；三是城市进程缺乏管理，导致大量社会问题；四是不能有效管理外资，缺乏自主发展能力。可见，也不能把贫富差距过大、两极分化作为拉美国家落入"中等收入陷阱"最为重要的原因。

有人认为长期奉行进口替代战略是拉美国家落入"中等收入陷阱"的根本原因，这个观点值得商榷。研究拉美国家的社会经济史将会发现，社会经济制度尤其是基本政治经济制度对这些国家的经济发展有重要的甚至决定性的影响。苏振兴主编的《拉美国家社会转型期的困惑》一书中记载：19 世纪拉美国家独立革命以后，虽然缔造了一大批独立的共和国，却延续了旧殖民体系的许多基本制度。其中最突出的有奴隶制度、种族歧视制度、社会等级制度、大地产占有制的土地制度、各种前资本主义生产关系和劳工制度。该书还记载：拉美国家独立以后，奴隶制度又继续存在了数十年；奴隶制度被废除后，在拉美被称为"非洲人后裔"的黑人群体并没有获得土地或其他补偿；拉美地区的土地占有严重不公，1970~2000 年大部分拉美国家土地占有基尼系数在 0.8 以上。我认为，拉美国家的基本政治经济制度可能是它们落入"中等收入陷阱"的根本原因。拉美地区长期社会动荡，政局不稳，意识形态争论激烈，这些都影响经济发展，而其根源则是基本政治经济制度。

前苏联东欧国家是陷入"中等收入陷阱"的另一类国家，也为分析"陷阱"的原因提供了案例。很多文章从计划经济体制分析苏联和东欧国家落入"陷阱"的原因。有一份研究报告认为，苏联陷入陷阱的主要原因：一是计划经济体制在比较高的经济发展阶段上难以持续提高微观效率、宏观效率、配置效率和技术水平；二是长期执行重工业优先发展战略，导致产业结构失衡和经济发展不可持续；三是居民消费受压抑，投资需求难以持续增长；四是对全球市场参与度很低，市场空间无法拓展。这个分析是比较全面中肯的。我想补充的是，对计划经济体制的分析不能完全取代对苏联基本社会经济制度的分析。计划经济体制是苏联基本经济制度的一个重要内容，但不是全部内容，除此之外还有所有制、分配制度、城乡制度等基本经济制度。除了基本经济制度，还有政治、文化、社会等领域的基本制度。经济、政治、文化、社会等领域的基本制度都对经济发展产生影响，甚至起到决定性的作用。从因果关系来分析，苏联计划经济体制主要是由政治制度和所有制决定的，意识形态和经济发展战略也有决定作用。苏联政治经济制度对苏联陷入"中等收入陷阱"的影响是根本性的，不能在研究的视野中消失。

有一篇论述苏联解体教训的文章说：苏联剧变的根子主要在于其以党代政、党国不分的政治体制。苏联国家和社会职能倒置，国家承担起了社会的职能，社会不能独立自主地解决一些本来应该由社会解决的问题。文章还说：苏联共产党在加强政权建设时，由于没有基本的民主观念，而走上了专制的道路。苏联没有权力划分，没有权力制衡，一切权力都集中于一个中心，集中到各级党的机关手中。各级领导人被认为是掌握了能预见未来的特殊天赋才能的人，有能力做出唯一正确的决定（《社会科学报》，2011年12月22日）。在苏联社会主义模式中，实际上是政治决定经济，政治决定一切。在这样的政治制度下，国民经济是不可能持续发展的，陷入"中等收入陷阱"就在所难免了。

在拉美国家和苏东国家陷入"中等收入陷阱"中，都能找到基本制度的根源，这里说的基本制度包括经济、政治、社会、文化等领域的制度。基本经济制度是陷入"陷阱"的根本原因，基本政治制度同样是根本原因。在这些国家里，往往不是经济基础决定上层建筑，而是上层建筑决定经济基础，基本经济制度是由政权建构和维持的。基本社会制度如城市剥削农村、贫富身份固化等也是陷入"陷阱"的原因。文化教育科技制度的作用也不可忽视，在中等收入阶段向高收入阶段发展中，科学教育发挥着重要的作用。我认为，研究"中等收入陷阱"一定要重视社会经济基本制度的影响，要把"中等收入陷阱"和社会经济基本制度联系起来研究。

党的十八大十分重视完善制度尤其是完善基本制度在实现全面建成小康社会中的作用，强调改革开放是坚持和发展中国特色社会主义的必由之路，必须坚持推进改革开放，不断推进我国社会主义制度自我完善和发展。我们研究"中等收入陷阱"，要把完善和发展社会主义初级阶段的基本经济政治制度放在首要地位。

（三）研究"中等收入陷阱"要和实现全面建成小康社会紧密结合

20 世纪末，我国人民生活总体上达到小康水平。2000 年人均 GDP 超过1000 美元，正式进入中等收入国家行列。但是，这个小康还是低水平的、不全面的、发展很不平衡的小康。因此，党的十六大提出要在本世纪头二十年集中力量全面建成惠及十几亿人口的更高水平的小康社会，使经济更加发展、民主更加健全、科教更加进步、文化更加繁荣、社会更加和谐、人民生活更加殷实。党的十七大适应形势的变化，对全面建设小康社会提出了更高的要求。党的十八大进一步提出了新的要求，指出："综观国内国际大势，我国发展仍处于可以大有作为的重要战略机遇期。我们要准确判断重要战略机遇期内涵和条件的变化，全面把握机遇，沉着应对挑战，赢得主动，赢得优势，赢得未来，确保到2020 年实现全面建成小康社会宏伟目标。"所谓小康，是指温饱有余而还不富裕的状态，全面建成小康社会就是使我国人民生活由小康进入富裕，也就是由中等收入阶段进入高收入阶段。尽管在党的文件中至今没有出现"中等收入陷阱"的提法，但全面建设小康社会也是为了避免

"中等收入陷阱"。全面建成小康社会是我国避免"中等收入陷阱"的重要保证。

党的十六大、十七大、十八大形成的全面建设小康社会的纲领，也是我国避免"中等收入陷阱"的纲领。这是一个科学的经过努力可以实现的纲领。

首先，这个纲领对我国中等收入阶段面临的矛盾和问题作了全面、深刻的分析，使我们思想上有应对这些问题的准备。党的十六大报告指出：我国正处于并将长期处于社会主义初级阶段，人民日益增长的物质文化需要同落后的社会生产力之间的矛盾仍然是我国社会的主要矛盾，并分析了生产力和科技教育落后等七个问题。党的十七大又系统分析了我国进入新世纪新阶段呈现的一系列新的阶段性特征，剖析了我国自主创新能力不强等八个主要特征。党的十八大又根据新的情况，全面而又有重点地提出了实现全面建设小康社会面临的困难和问题。正如有的同志所说：这些困难和问题是我国发展新的阶段性特征的集中体现，表明当前和今后一个时期，我国经济社会发展面临的情况是复杂的，短期矛盾和长期矛盾叠加，结构性因素和周期性因素并存，各种潜在的挑战和风险凸显，是经济社会发展到这个阶段绕不过去的挑战。我们必须重视和正确应对这些问题，才能实现全面建成小康社会，也才能避免落入"中等收入陷阱"。

其次，这个纲领对于如何解决我国中等收入阶段面临的矛盾和问题提出了指导思想、方针政策和明确的任务。党的十六大提出：要"加快建设现代化，保持国民经济持续快速发展，不断提高人民生活水平"。党的十七大提出：要"促进国民经济又好又快发展"。还提出了中国特色新型工业化道路、农业现代化道路、自主创新道路、城镇化道路、建设新农村等构想。党的十八大提出的指导思想、方针政策和目标任务既和十六大、十七大有连续性，又适应新的情况有新的发展，更有针对性。党的十八大报告指出："要适应国内外经济形势新变化，加快形成新的经济发展方式，把推动发展的立足点转到提高质量和效益上来，着力激发各类市场主体发展新活力，着力增强创新驱动发展新活力，着力构建现代产业发展新体系，着力培育开放型经济发展新优势。""坚持走中国特色新型工业化、信息化、城镇化、农业现代化道路，推动信息化和工业化深度融合、工业化和城镇化良性互动、城镇化和农业现代化相互协调，促进工业化、信息化、城镇化、农业现代化同步发展。"报告还提出了经济建设、政治建设、文化建设、社会建设、生态文明建设五位一体总体布局和国内生产总值、城乡居民人均收入都"翻一番"的新要求。这些都是我国避免"中等收入陷阱"必须采取的措施。

再次，这个纲领既总结了我们自己发展的经验，也汲取了国外发展的经验。党的十六大提出走新型工业化道路，党的十七大提出加快转变经济发展方式，推动产业结构优化升级，党的十八大提出提高社会管理科学化水平，加强和创新社会管理，把生态文明建设放在突出地位，努力建设美丽中国，都是研究总结自己经验和国外经验的结晶。科学发展观也是总结中国自己的经验和研究其他国家的经验而形成的。

最后，这个纲领重视改革开放和社会主义初级阶段基本制度的完善。党的十六大报告提出要坚持和完善基本经济制度，深入国有资产管理体制改革。党的十七大又提出要完善基本经济制度，健全现代市场体系。两次党的代表大会都提出要坚定不移地推进政治体制改革。党的十七大进一步强调要扩大社会主义民主，建设社会主义法治国家，发展社会主义政治文明，并把深化改革开放作为贯彻落实科学发展观的内在要求。党的十八大提出了全面深化改革的要求。党的十八大报告指出："全面建设小康社会，必须以更大的政治勇气和智慧，不失时机深化重要领域改革，坚决破除一切妨碍科学发展的思想观念和体制机制弊端，构建系统完备、科学规范、运行有效的制度体系，使各方面制度更加成熟更加定型。"这些任务既是我国避免"中等收入陷阱"的要求，也是进入高收入阶段后避免"高收入陷阱"的要求。

研究"中等收入陷阱"要和全面建成小康社会紧密结合起来，促进全面建成小康社会任务的完成。要使这项研究能够增强全面建成小康社会的动力和压力，能够吸取其他国家跨越"中等收入陷阱"的经验教训，能够推动和帮助解决全面建成小康社会的困难问题。全面建成小康社会是很艰难的，当前面临的贫富差距、资源环境、国有企业和垄断行业改革、中小企业发展、政府职能转变以及腐败等问题，解决起来都困难重重。和以往改革不同，现在改革不仅有思想认识的困惑，更有既得利益集团的阻碍。党的十六大、十七大都提出了改革任务，也取得了进展，但行动迟缓，成效不大，改革严重滞后。党的十八大因此提出要以更大的勇气和智慧来深化改革，指出"深化改革是加快转变经济发展方式的关键"，"政治体制改革是我国全面改革的重要组成部分，必须继续积极稳妥地推进政治体制改革，发展更加广泛、更加充分、更加健全的人民民主"。改革中很多理论问题需要研究。例如，公有制和私有制的关系。宪法规定"公有制为主体，多种所有制经济共同发展"是社会主义初级阶段的基本经济制度，而有的人认为只能说私有制经济是社会主义市场经济的重要组成部分，不能说它是社会主义经济的重要组成部分。那么社会主义初级阶段的经济是不是社会主义经济？有人认为社会主义市场经济可以在全部公有制甚至全部国有制基础上建成，意思是说消灭私有制也可以建成社会主义市场经济。这些看法是不是仍受苏联社会主义政治经济学的影响，是不是对私有制的歧视，会不会阻碍社会主义基本经济制度的完善？又如，国有企业的性质。国有企业是否就是社会主义全民所有制企业？什么样的国有企业才是社会主义企业？有的人无条件地赞成发展国有企业，认为国有企业一定比私有企业好。苏联是在国有经济占绝对统治地位时解体的。再如，扩大民主。有人认为政体西化是未来30年中国最大的陷阱。问题是社会主义民主和资本主义民主有没有共同点？中国当然不能照搬西方民主制度，但是西方民主制度有没有我们可以学习的东西？如果不发扬民主，不实行权力制衡，能彻底消除腐败吗？能使人民自由全面发展吗？能提高文化软实力、建成创新型国家吗？另如，政府和市场的关系。我国现在的市场经济是政府主导的市场经济，在很多场合市场在资源配置中并不起基础作用。这既有优势，也有缺陷，而且缺陷越来越多，越来越大。究竟应该如何处理好政府和市场的关系，也要深入研究。

理论界一段时期内对全面建设小康社会的研究重视不够。相对于许多问题的研究讨论，对全面建设小康社会的研究讨论较少。有些人把全面建设小康社会看得过分简单容易，认为只是翻两番的问题。有些人急于实现现代化，瞧不起小康社会，没有认识到全面建设小康社会是我国实现现代化的必经阶段。理论界对转变经济发展方式讨论很热烈，这是一个艰难复杂的系统工程，深入讨论是必要的。但是转变经济发展方式是全面建设小康社会的任务之一，是全面建设小康社会这个更大系统工程中的一个分支系统。研究转变经济发展方式必须和研究全面建设小康社会结合起来，使它们相互促进和认识不断深化，全面掌握它们的规律。否则，可能会重视了树木而忽视了森林，甚至只见树木不见森林。理论界研究"中等收入陷阱"和全面建设小康社会结合不够，也说明对全面建设小康社会的意义认识不足。

关于中国全面建设小康社会的进程，有一份统计表反映的情况如下：

全面建成小康社会的进程（2000 年和 2010 年）

单位：%

项　　目	2000 年	2010 年
全面建设小康社会	59.6	80.1
经济发展	50.3	76.1
社会和谐	57.6	82.5
生活质量	58.3	86.4
民主法治	84.8	93.6
文化教育	58.3	68
资源环境	65.4	78.2

从表中的数字看，2020 年肯定能轻轻松松完成全面建成小康社会的各项任务。但是，实际上有些任务完成的难度很大。表中的有些数字和人们的感觉也差距较大。例如，社会和谐、生活质量的完成情况好于经济发展，民主法治的完成情况更好。我认为，全面建成小康社会有一个高要求还是低要求的问题。党的十六大提出的全面建设小康社会是高要求，十七大提出了更高的要求，十八大又提出了新要求。如果不能按照党的十六大、十七大、十八大要求那样全面建成小康社会，就可能难以避免落入"中等收入陷阱"。

对于全面建成小康社会中的难题，尤其是改革方面的难题，有人强调要顶层设计，顶层推动，也有人强调要基层讨论，民主讨论。我认为两者都需要，它们应该也可以结合起来。我们对社会主义经济政治文化社会等领域的客观规律还所知不多。为了提高认识，需要解放思想，百家争鸣。还要允许在研究中犯错误，对错误有一种包容的精神。

（本文写于 2013 年 2 月 20 日，原载《十八大后十年的中国经济走向》，张卓元主编，广东经济出版社 2013 年出版）

四、把全面深化改革和全面建成小康社会结合起来研究

　　全国正在掀起学习全面深化改革决定的热潮。我认为，学习研究全面深化改革应该和全面建成小康社会紧密结合。现在似乎结合得不够。这次全面深化改革的一个直接目的，就是为了保证在 2020 年完成全面建成小康社会的任务，所以必须把"两个全面"结合起来。

　　党的十八大第一次提出全面建成小康社会和全面深化改革"两个全面"的战略任务。十八大报告的第三部分标题是："全面建成小康社会和全面深化改革开放的目标。"报告提出：要"确保到 2020 年实现全面建成小康社会的宏伟目标"。同时提出："全面建成小康社会，必须以更大的政治勇气和智慧，不失时机地深化重要领域改革，坚持破除一切妨碍科学发展的思想观念和体制机制弊端。"

　　全面建设小康社会是党的十六大提出来的。党的十六大报告指出：我们要在 21 世纪头二十年，集中力量，全面建设惠及十几亿人口的更高水平的小康社会，使经济更加发展，民主更加健全，科教更加进步，文化更加繁荣，社会更加和谐，人民生活更加殷实。为了实现这些目标，报告分设专章论述了经济建设和经济体制改革、政治建设和政治体制改革、文化建设和文化体制改革等方面的任务。可见，从提出建设小康社会开始，就提出了要深化各个领域的改革，两者是紧密结合的。

　　为什么全面深化改革和全面建设小康社会要紧密结合呢？这是因

为，全面建成小康社会是既宏伟又艰巨的事业，完成这个事业会遇到各种障碍和困难，尤其是制度上的障碍，因此必须深化改革，为全面建成小康社会提供制度保障。

我们要看到全面建成小康社会的艰巨性。有一份统计报告提供了从2000年到2010年全面建设小康社会的进程是从59.6%到80.1%。其中，经济发展是从50.3%到76.1%，社会和谐是从57.6%到82.5%，生活质量是从58.3%到86.4%，民主法治是从84.8%到93.6%，文化教育是从58.3%到68.0%，资源环境是从65.4%到78.2%。表中有些数字和人们的感觉差距较大，例如，社会和谐、生活质量完成的情况好于经济发展，民主法治的完成情况则更好。我认为，我们不能高估了成绩，低估了困难，降低了全面建成小康社会的要求。

全面建成小康社会最大的困难在农村。按照国际扶贫标准计算，我国已经通过扶贫开发减少了6.6亿贫困人口，但农村仍有近1亿的贫困人口（《文汇报》，2014年1月22日）。如果2020年我们不能在农村完成全面建成小康社会的任务，也就不能说在全国范围内实现了全面建成小康社会的目标。在贯彻落实全面深化改革若干重大问题的决定过程中，首先要考虑农村完成全面建成小康社会的任务。

全面建成小康社会的最大风险是陷入"中等收入陷阱"。一般是人均GDP达4000~5000美元时最易陷入"陷阱"，虽然我国人均GDP已达6000多美元，但是不能说没有陷入"中等收入陷阱"的危险了。党的十八大报告曾列举了我国面临的主要困难和问题，诸如发展中不平衡、不协调、不可持续问题突出，科技创新能力不够，产业结构不合理，体制机制障碍较多，居民收入差距较大，社会矛盾增多；等等。这些都是可能导致陷入"中等收入陷阱"的隐患。制度是国家盛衰的根本问题，也是是否陷入"中等收入陷阱"的根本原因。我们要认真贯彻全面深化改革的决定，保证如期完成全面建成小康社会的任务。

应该重视和加强全面建成小康社会的研究。小康社会是完完全全的中国概念。我国古代思想家就有明确的小康的社会理想，小康社会也是中国人民长期追求殷实宽裕生活的要求。这个要求在封建社会是不可能实现的。改革开放以来，小康社会有了全新的内容，成为中国特色社会主义在一个相当长时期的载体，成为实现工业化、现代化的过程和阶段。小康社会有中国特色，也有普遍意义，是类似中国情况的国家实现社会主义现代化、由贫穷落后走向富裕文明的一个范例。我们把研究全面深化改革和研究全面建成小康社会结合起来，可以使它们相互促进，相得益彰，顺利完成"两个全面"的任务。

（摘自作者在中国社会科学院经济学部 2014 年 2 月

学部年会上的发言稿）

后　记

　　这本著作汇集的是 2007 年以来我撰写的一部分有关转变经济发展方式的论文。其中有几篇是和张世贤、刘戒骄、王伟光同志合写的。经他们同意收入本书。

　　也有几篇是我提交给经济学部理论研讨会的发言和论文。2006 年中国社会科学院经济学部成立以后，学部主任陈佳贵建议学部各所的理论研讨会可以邀请其他所的学部委员参加。以前各所的会议基本上是本所同志参加。经济学部各所都"麻雀虽小，五脏俱全"，有较强的独立研究工作能力，但毕竟受到研究范围的限制。邀请其他所的同志参加有些研讨会，可以克服某些局限，扩大视野，更广泛深入地展开研讨，百家争鸣。这样做有利于学部推动促进研究工作，也是学部发挥作用的一种途径。我的这几篇论文可以说是会议意见交流和碰撞的结果。

　　本书成书过程中，工业经济研究所的刘晶晶、王楠、郝霏璠和经济管理出版社的梁植睿等同志做了很多工作，使本书得以顺利出版，再次表示感谢。

　　转变经济发展方式是一个复杂的难题。本书的意见难免有缺陷甚至谬误，敬请读者批评指正。

周叔莲

2016 年 8 月 22 日